Anselm Grün, Wunibald Müller

WER BIST DU, GOTT?

Anselm Grün
Wunibald Müller

Wer bist Du, GOTT ?

Kösel

Mix
Produktgruppe aus vorbildlich bewirtschafteten
Wäldern und anderen kontrollierten Herkünften
www.fsc.org Zert.-Nr. SGS-COC-001940
© 1996 Forest Stewardship Council

Verlagsgruppe Random House FSC-DEU-0100
Das für dieses Buch verwendete FSC-zertifizierte Papier
Munken Premium Cream liefert Arctic Paper Munkedals AB, Schweden.

Prolog

Im Anfang war das Wort, und das Wort war bei Gott, und das Wort war Gott.

Im Anfang war es bei Gott.

Alles ist durch das Wort geworden und ohne das Wort wurde nichts, was geworden ist.

In ihm war das Leben, und das Leben war das Licht der Menschen.

Und das Licht leuchtet in der Finsternis, und die Finsternis hat es nicht erfasst.

Das wahre Licht, das jeden Menschen erleuchtet, kam in die Welt.

Er war in der Welt, und die Welt ist durch ihn geworden, aber die Welt erkannte ihn nicht.

Er kam in sein Eigentum, aber die Seinen nahmen ihn nicht auf.

Allen aber, die ihn aufnahmen, gab er Macht, Kinder Gottes zu werden, allen, die an seinen Namen glauben, die nicht aus dem Blut, nicht aus dem Willen des Fleisches, nicht aus dem Willen des Mannes, sondern aus Gott geboren sind.

Und das Wort ist Fleisch geworden und hat unter uns gewohnt, und wir haben seine Herrlichkeit gesehen, die Herrlichkeit des einzigen Sohnes vom Vater, voll Gnade und Wahrheit.

Johannesevangelium 1,1–5.9–14

INHALT

Dein Gott soll mein Gott sein –
ein Vorwort

Zunächst erschien es uns etwas vermessen zu sein, über Gott zu reden. Auch jetzt bleibt der Eindruck, dass es zumindest ein schwieriges Unterfangen ist, sich auf ein Gespräch über Gott einzulassen. Doch je mehr wir uns darauf einließen, desto mehr spürten wir, dass es letztlich gar nicht oder nur sehr begrenzt möglich ist, *über* Gott zu reden. Wir haben es dennoch getan. Zumindest haben wir es versucht. Wir sind der Frage nachgegangen, ob Gott existiert. Wir haben – zumindest ansatzweise – auch versucht, uns auf die Stimmen einzulassen, die nicht an Gott glauben, die Schwierigkeiten haben, Gott in ihrer Welt und in ihrem Alltag als anwesend und wirkend zu erleben und zu erfahren.

Uns geht es nicht darum, die Existenz Gottes zu beweisen. Das können wir nicht. Was wir können, ist, über unsere Erfahrung mit Gott zu sprechen. Da aber können wir uns, wollen wir wirklich aus unserer Erfahrung sprechen, nicht zurückhalten. Da müssen wir andere auch an unseren innersten Gefühlen und Gedanken teilhaben lassen. Da müssen wir uns ganz weit aufmachen und anderen einen tiefen Blick in unser Innerstes gewähren. Das aber hat ganz wesentlich mit Gott zu tun. Mein Innerstes zur Sprache zu bringen, ist vielleicht sogar die Voraussetzung dafür, um wirklich über Gott zu reden. Mein Innerstes zum Ausdruck zu bringen. Mich zu getrauen, die innersten Regungen meines Herzens und meiner Seele – ja – preiszugeben.

So ist dieses Buch zu einem sehr persönlichen, intimen Buch geworden. Wir wussten das am Anfang nicht. Es hat sich so entwickelt. Das ist aber der wohl authentischste Beitrag, den wir beide leisten können, wenn es um Gott geht.

Wir erheben nicht den Anspruch, auch nur ansatzweise mehr von Gott zu wissen als andere. Wir beanspruchen für uns auch nicht, im Besitz der Wahrheit zu sein, wenn es um Gott geht. Wir sind auf Fragen eingegangen, die Menschen im Zusammenhang mit Gott beschäftigen. Wir haben Männer und Frauen im Blick, die kirchennah sind, und Menschen, die der Kirche fernstehen: Suchende, Zweifelnde ebenso wie jene, die fest davon überzeugt sind, dass es Gott gibt, und für die ein Leben ohne Gott undenkbar ist, und jene, für die Gott ein Stein des Anstoßes oder auch nur von geringem Interesse ist.

Vielleicht regt unser Gespräch dazu an, mit anderen ins Gespräch über Gott zu kommen oder aber selbst das Gespräch mit Gott aufzunehmen. Mancher mag sich in unseren Gedanken und Erfahrungen wiederfinden. Ein anderer wird sich in dem, was wir hier sagen, kaum entdecken. Das ist in Ordnung so. Wie es auch in Ordnung ist, nachdem man sich lange Gedanken über Gott gemacht und sich intensiv über ihn ausgetauscht hat, vielleicht auch darüber ins Gespräch mit ihm getreten ist, innezuhalten und zu schweigen. Damit Gott eine Chance hat, in unserem Leben und in unserem Alltag Einkehr zu halten, in Erscheinung zu treten und wahrgenommen zu werden. Wirklichkeit für uns und in unserem Leben zu werden.

Winfried Nonhoff vom Kösel-Verlag danken wir für seine Einladung und Ermutigung, uns auf ein Gespräch über Gott einzulassen, Melanie Bradtka für die gute Zusammenarbeit beim Lektorat des Textes.

Anselm Grün und Wunibald Müller

TEIL I

Wenn an Gott glauben bedeutet,
von ihm in der dritten Person reden zu können,
glaube ich nicht an Gott.

Wenn an ihn glauben bedeutet,
zu ihm reden zu können,
glaube ich an Gott.

Martin Buber

ÜBER GOTT REDEN

Leise über Gott reden

WUNIBALD MÜLLER: Da haben wir uns ja, von Winfried Nonhoff, dem Leiter des Kösel-Verlags, angeregt, auf ein Thema eingelassen, das ganz schön heikel ist: miteinander über Gott zu reden, der Frage nachzugehen, wer Gott ist, was uns Gott bedeutet, wie wir Gott erfahren. Vor allem auf die Frage einzugehen, wer Gott ist, und *über* Gott zu reden, bereitet mir etwas Bauchschmerzen. Können wir das überhaupt? Ist das nicht anmaßend? Als ich meinem Freund Alexander Susewind davon berichtete, sagte er gleich, er könne und würde das nicht tun. Fast meinte ich ihn sagen zu hören, man dürfe das nicht tun.

Vor einigen Jahren fragte ich Bruder David Steindl-Rast – es war kurz nachdem Joseph Ratzinger zum Papst gewählt worden war –, was er denn dem Papst raten würde. Er meinte daraufhin, er habe sich des Öfteren mit dem Dalai Lama getroffen und es habe ihm sehr imponiert, wenn der Dalai Lama immer wieder auf Fragen antwortete: »Ich weiß es nicht.« So würde er dem Papst raten, ab und zu einfach zu sagen: »Ich weiß es nicht. Ich weiß es nicht. Ich weiß es nicht.«

Das gilt auch für uns, wenigstens für mich. Ich weiß nicht, wer Gott ist. Wenn ich mich aber dennoch auf ein Gespräch über Gott einlasse, dann auch, weil ich mir auch für mich etwas davon verspreche, mit dir über Gott zu reden und mir die Zeit dafür zu nehmen – letztlich auch Zeit für Gott. Ich möchte dabei erfahren, was du über Gott weißt, was er dir bedeutet und wie du ihn erfährst. Dann bleiben wir nicht bei einem Sprechen *über* Gott stehen, sondern – und das verspreche ich mir von unserem Gespräch – tauschen uns über unsere Erfahrungen mit Gott aus. Dabei will ich beherzigen, was mir der Würzburger Weihbischof Ulrich Boom mit auf den Weg gab: »Man soll schon über Gott reden, aber leise.«

ANSELM GRÜN: Das ist eine weise Empfehlung. Denn manche Menschen reden tatsächlich so laut über Gott, als ob sie ihn genau kennen würden, als ob sie ihn in die Tasche stecken könnten. Da werde ich immer skeptisch. Man kann über Gott wirklich nur sehr leise reden. Auf der anderen Seite müssen wir von Gott reden. Denn er ist die eigentliche Wirklichkeit unseres Lebens. Wenn wir ihn verschweigen, schweigen wir einen wichtigen Bereich unseres Lebens tot.

Bei einer Diskussion mit Theologen über die biblischen Heilungsgeschichten fragte mich ein Theologe: »Wie definieren Sie Gott?« Ich war etwas irritiert. Denn Gott kann ich nicht definieren. Natürlich kann ich die philosophischen und theologischen Beschreibungen Gottes heranziehen. Aber ich weiß, dass es nur Versuche sind, sich dem unbegreiflichen Gott zu nähern.

Wenn wir in diesem Bewusstsein von Gott sprechen, dass unsere Begriffe und Worte nur den Zipfel Gottes berühren, dann bin ich gerne bereit, über Gott zu sprechen und jetzt in den Dialog mit dir einzutreten. Wenn wir meinen, wir wüssten genau, wer Gott ist, dann müsste ich aufhören.

Wir können von Gott mehr sagen, was er nicht ist, als was er ist

WUNIBALD MÜLLER: Damit befinden wir uns schon mitten im Gespräch über Gott, und ich gebe dir recht: Wir können und sollen nicht schweigen über Gott. Du hast als Mönch einen Lebensstil gewählt, der ganz stark geprägt ist von dem Bewusstsein, dass es Gott gibt und Gott in unsere Wirklichkeit hineinwirkt. Dein Tagesablauf ist umrankt von festgelegten Gebetszeiten, bis dahin, dass im Grunde genommen alles, was du tust, zur größeren Ehre Gottes beitragen soll.

Auch für mich ist der tiefe Glaube an die Existenz Gottes, seine Anwesenheit und sein Wirken in meinem Leben und in unserer Welt der tragende Grund meines Lebens. Als Christ bedeutet das für mich, mein Leben, meinen Alltag in Verbindung mit Gott zu bringen. Ich frage mich immer wieder, was Gott mit mir vorhat, was sein Wille ist. Ich will der werden und sein, der zu werden und zu sein er mich bestimmt hat.

Dabei weiß ich, wie schwer es manchmal sein kann, herauszufinden, was Gott von mir will. Wie es überhaupt sehr schwer ist, herauszufinden, was Gott in bestimmten Situationen von uns will. Ich habe daher auch Probleme damit, wenn ich Menschen begegne, die mit einer Selbstverständlichkeit zu wissen glauben, was der Wille Gottes ist, und das nicht nur für sich, sondern oft vor allem auch für andere. Das trifft auch auf manche Kirchen, Kirchenführer oder Obere zu, die den Eindruck erwecken, den Heiligen Geist persönlich zu besitzen.

ANSELM GRÜN: Manche meinen, sie wüssten genau, was Gott denkt. Sie glauben, sie würden Gottes Absichten und Gedanken kennen. Auch da kann ich nur sagen: Ich kenne Gottes Gedanken nicht. Ich kann nicht in Gottes Denken hineinschauen. Ich kann mich nicht über Gott stellen und überlegen, was er denkt und warum er so denkt. Ich kann nur die Welt betrachten und überlegen, wie Gott die Welt geschaffen hat. Ich kann auf mein Herz und seine Sehnsucht hören und den Ahnungen des Herzens trauen, die mir etwas von Gott sagen. Aber ich halte es mit der apophatischen Theologie der Mystiker, die besagt, dass wir von Gott mehr sagen können, was er nicht ist, als was er ist.

WUNIBALD MÜLLER: Das werden wir bei allem, was wir zu Gott sagen, immer wieder bedenken müssen. Wir bewegen uns auf der *via negativa,* einem Weg, bei dem das, was wir von Gott sagen, weit entfernt ist von dem, wer Gott wirklich ist. Was uns aber nicht abhalten sollte, zu versuchen, Gott auch mithilfe von Vergleichen, Bildern und Symbolen zu beschreiben. Dabei muss ich freilich gestehen, dass ich, je älter ich werde, immer weniger daran interessiert bin, Gott zu beschreiben oder zu erklären. Das hat vor allem damit zu tun, dass ich Gott, je mehr mich die Erfahrungen des Lebens in meine Tiefe geführt haben, als gegenwärtig in meinem Leben erfahren darf, ich mich in meinem Alltag – einmal mehr, einmal weniger bewusst – als mit Gott verwoben erlebe. Mein Beten ist dann Ausdruck und Bewusstmachung dieser Verwobenheit und Verbundenheit mit Gott.

Ich erlebe das als wohltuend und als eine große Bereicherung. Diese Erfahrung trägt mich, gibt mir Halt und Orientierung. Ein Gefühl von Sicherheit und Zuversicht erwächst mir daraus. Ich erlebe und erfahre mich dabei als Teil eines Größeren. Ich erfahre Gott nicht nur in mir, sondern erfahre mich als aufgehoben in Gott. Aus dieser Erfahrung heraus versuche ich meinen Alltag zu leben und zu gestalten.

ANSELM GRÜN: Auch für mich ist die zentrale Frage nicht, wie ich Gott beschreiben, sondern wie ich ihn erfahren kann. Ich möchte nicht nur glauben, sondern auch erfahren, was ich glaube. Dabei halte ich es allerdings mit meinem Namenspatron, dem heiligen Anselm von Canterbury, der sein theologisches Programm mit *fides quaerens intellectum,* »der Glaube, der nach Einsicht sucht«, beschrieben hat. Man könnte es auch so übersetzen: »die Glaubenserfahrung, die nach Einsicht sucht, die sich selbst verstehen will«.

Daher versuche ich dennoch, über die Erfahrung und Nicht-Erfahrung Gottes zu reden, aber so zu reden, dass ich mich nicht über andere Menschen stelle, als ob ich Gott mehr erfahren hätte als sie, sondern in aller Bescheidenheit.

Wir sind immer Suchende und Fragende auf dem Weg zu Gott. Aber wir dürfen Gott auch immer wieder erfahren. Von meiner Erfahrung her versuche ich, die Erfahrungen der anderen Menschen zu verstehen und denen, die meinen, sie hätten Gott noch nie erfahren, aufzuzeigen, dass sie unbewusst oft genug Gott erfahren haben.

Finde ich Gott, so finde ich mich selbst

WUNIBALD MÜLLER: Einen Vorbehalt muss ich noch loswerden. Ich habe Probleme, *über* Gott zu sprechen. Ich fühle mich hier Martin Buber verwandt, für den Gott nie zu einem Objekt, zu einem Gegenstand eines Gespräches werden konnte. Der protestantische Theologe Paul Tillich (1965, S. 52) berichtet, dass bei den Gesprächen, die er mit Martin Buber geführt hatte, etwas geschehen sei, was letztlich wichtiger war als der Dialog selbst: die Begegnung mit einem Menschen, »dessen ganzes Sein geprägt war von der Erfahrung der göttlichen Präsenz. Er war, wie man es sagen könnte, ›Gott besessen‹. Gott würde in Martin Bubers Anwesenheit niemals zu einem ›Objekt‹ werden.«

Hier werden die Möglichkeiten, zugleich aber auch die Grenzen unseres Gespräches deutlich. Ich weiß nicht, wer Gott ist. Aber ich bin mir Gottes sicher. Ich setze Gott voraus. Dass ich bin, setzt für mich Gott voraus. Ich kann daher nicht objektiv, abstrakt über Gott sprechen. Er ist für mich kein Gegenstand des Zweifels, sondern, wie das für Martin

Buber gilt, Voraussetzung – und sei es für den Zweifel an ihm. Darin aber liegt auch die Chance für einen Dialog mit den Leserinnen und Lesern, die an Gott zweifeln oder ihn verneinen.

ANSELM GRÜN: Für mich hängt die Frage nach Gott immer auch mit der Frage nach mir selbst zusammen. Der Jesuit Anthony de Mello sagte einmal: Mystik heißt nicht nur, zu fragen:»Wer ist Gott?«, sondern auch zu fragen:»Wer bin ich selbst?«Wenn ich mir immer wieder die Frage»Wer bin ich?«stelle, dann führt mich diese Frage letztlich auch zu Gott, dem Grund meines Lebens.

Ich bin zutiefst überzeugt, dass ich nicht zu meinem wahren Selbst finde, wenn ich nicht Gott als den Grund und Ursprung des Selbst mitbedenke. Diese Überzeugung hatte auch C.G. Jung. Er meint, das Selbst schließe immer auch das Gottesbild mit ein. Das Selbst findet nur der, der auch das Bild Gottes in sich zulässt.

WUNIBALD MÜLLER: Das erinnert mich an Thomas Merton (1951, S. 28), der meinte, dass ich mich erst dann wirklich erkennen kann, auch hinsichtlich meiner tiefsten Berufung und Bestimmung, wenn ich Gott erkannt habe: »Finde ich ihn, so finde ich mich selbst, und finde ich mein wahres Ich, so werde ich ihn finden.« Das aber heißt doch auch, dass ich mich letztlich nie ganz erkennen werde, genauso wie ich Gott nie ganz erkennen werde.

Zugleich würde das aber auch bedeuten, dass die Menschen, die nicht an Gott interessiert sind, geschweige denn daran, Gott zu erkennen, Wesentliches von sich selbst nicht

19

kennen. Doch ist das nicht zu weit gegriffen? Klingt das möglicherweise nicht auch arrogant? Oder bleibt es eine Herausforderung, der sich die Menschen, die an Gott nicht interessiert sind, stellen können oder auch nicht?

ANSELM GRÜN: Ich würde Thomas Mertons Aussage unterstreichen. Aber ich bin vorsichtig, was die Einteilung in Menschen, die an Gott interessiert sind, und solchen, die nicht an ihm interessiert sind, betrifft. Wir können das Interesse eines Menschen an Gott nicht unbedingt an seinem Glaubensbekenntnis ablesen.

Für mich ist ein wesentliches Kriterium, ob jemand an Gott interessiert ist, dass er einen Sinn für das Geheimnis hat, das größer ist als er selbst, dass er ständig auf der Suche nach der Wahrheit ist. Auch wenn er seine Suche nach der Wahrheit nicht mit unseren Worten von Gott ausdrückt, ist er doch auf dem Weg zu Gott, ist er letztlich an Gott interessiert. Wer sich jedoch nur um Geld und Erfolg und Sex kümmert, der geht wahrhaft an seinem Wesen vorbei. Der materialistische Atheismus verleugnet auch die Würde des Menschen.

Gott als Wirkwort der Beziehung

WUNIBALD MÜLLER: Ich finde es ganz wichtig, die Suche eines Menschen nach Gott oder sein Interesse an Gott nicht von unserem Verständnis oder Sprechen von Gott her zu sehen oder gar zu beurteilen. Manche Menschen, die da viel zurückhaltender sind und behutsamer mit Begriffen wie Gott umgehen, befassen sich intensiver und ernsthafter mit Gott als jene, die laut, demonstrativ und mitunter auch rechthaberisch von Gott reden.

Da stellt sich auch die Frage, was das Wort Gott den Menschen heute noch bedeutet und ob nicht andere Worte für sie eher das beschreiben und beinhalten, was mit Gott gemeint sein kann. Der evangelische Theologe Paul Tillich hat versucht, für den Namen Gott andere Worte zu finden. So übersetzte er Gott mit *ultimate reality* oder *unconditional concern,* also mit »dem, was uns letztlich angeht«. Er stieß dabei auf großen Widerstand bei Martin Buber, der meinte, es gebe einige Worte, die von so ursprünglicher Art seien, dass sie nicht durch ein anderes Wort ersetzt werden könnten. Dazu zählen seiner Ansicht nach Worte wie Gott. Paul Tillich gab ihm recht und gebrauchte in seinen Predigten nicht länger Umschreibungen für Gott.

Das gefällt mir, und für mich stimmt das so. Ich weiß dabei sehr wohl, dass es Menschen gibt, die das anders sehen. Die nicht von Gott sprechen. Die sich sogar erregen, wenn andere das tun. Hier muss und will ich mir treu bleiben. Ich glaube aber auch so viel Toleranz und Weite zu besitzen, dass ich es anderen gerne zugestehe, wenn sie andere Worte haben, andere Begriffe und Bilder bevorzugen, um das auszudrücken, was sie unter Gott verstehen. Ich erwarte aber auch, dass man mir das zugesteht. Ich erinnere mich an einen Vortrag für Beraterinnen und Berater, die am Ende meiner Ausführungen regelrecht über mich herfielen, wie ich mich nur unterstehen konnte, so selbstverständlich von Gott zu sprechen. Ich versuchte sie zu verstehen und merkte dabei, dass bei manchen die religiöse Erziehung sehr stark geprägt war von einem Gottesbild, das in Gott zuallererst den strafenden und Leben verhindernden Gott sah. Allein die Erwähnung des Wortes Gott oder Zitate, zum Beispiel aus dem Alten Testament, legten alte, noch nicht geheilte Verletzungen frei.

Das ist ein Aspekt, der es erforderlich macht, sensibel zu sein und darauf zu achten, was mein Sprechen von Gott und der Gebrauch des Wortes Gott durch mich bei anderen auslöst. Die andere Frage ist, ob das Wort Gott sich überlebt hat oder vielleicht auch überstrapaziert worden ist.

ANSELM GRÜN: Ich kenne die Diskussion, dass das Wort Gott so verbraucht sei, dass man sich eine Zeit lang davon verabschieden sollte. Doch ich halte es hier mit Peter Schellenbaum. Gott, so meint Schellenbaum, sei ein Wirkwort. Gott will etwas in mir bewirken. Er will mein Ich verwandeln auf das Selbst hin, »auf eine umfassendere und zentralere Persönlichkeit hin« (Schellenbaum 1989, S. 28). Das altgermanische Wort für Gott bedeutet »das Angerufene, was man zu sich ruft, das Beschworene« (ebd. S. 29). Man kann es nicht aussprechen, ohne dass damit etwas in einem wachgerufen wird.

Für Schellenbaum ist Gott »das Wirkwort der Beziehung«. Gott bringt etwas in mir in Bewegung. Es bringt mein Ich in Beziehung mit etwas Unausgesprochenem und nur Geahntem. Schellenbaum plädiert daher für das Beibehalten des Wortes Gott. Denn das Sprechen von Gott zwingt mich, die Wirklichkeit auf neue Weise wahrzunehmen und wichtige Bereiche meiner Psyche zu entfalten.

Viele Menschen haben Angst, die Macht solcher Wirkworte wie Gott auszuhalten. Sie versachlichen lieber das Reden von Gott und entfalten eine dogmatische Theologie, anstatt sich von Gott in Bewegung bringen zu lassen. Sie konstruieren sich eine objektive Theologie, um der Infragestellung durch Gott auszuweichen. Dann führt sie ihre Spiritualität allerdings nicht zum Leben, sondern in die Verkrampfung und Beziehungslosigkeit. Sie missbrauchen Gott, um einer tieferen Beziehung zu sich selbst und zu den Menschen aus dem Weg zu gehen.

WUNIBALD MÜLLER: Das erlebe ich manchmal bei Theologen oder finde es auch in offiziellen kirchlichen Papieren: Da wird Gott festgeschrieben, analysiert, amputiert. Von seiner Wirkkraft bleibt da wenig übrig. Bei der ersten Enzyklika von Papst Benedikt XVI. *Deus caritas est,* »Gott ist die Liebe«, ging es mir anders. Sehr eindrücklich formuliert Benedikt XVI.: »Wenn ich die Zuwendung zum Nächsten aus meinem Leben ganz weglasse und nur ›fromm‹ sein möchte ... dann verdorrt auch die Gottesbeziehung. Dann ist sie nur noch ›korrekt‹, aber ohne Liebe. Nur meine Bereitschaft, auf den Nächsten zuzugehen, ihm Liebe zu erweisen, macht mich auch fühlsam Gott gegenüber.«

Da wird das Wort Gott zum Wirkwort. Da wird Gott nicht in Theorien eingepackt und für Ideologien missbraucht. Da wird Gott zu einer Kraft und da ist Gott eine Kraft, die uns anfeuert, uns dem Leben zu stellen, uns auszustrecken nach unseren Mitmenschen, uns seiner Dynamik zu überlassen im Prozess unserer Menschwerdung.

GIBT ES GOTT?

Das Reden von Gott vor der Vernunft verantworten

WUNIBALD MÜLLER: In einem Scherzwort heißt es, die Suche nach Gott sei vergleichbar mit der Situation, in der ein Stockblinder in einem stockdunklen Zimmer einen stockdunklen Kater sucht, der gar nicht drinnen ist. In ihrem Roman *Der Kranz der Engel* geht Gertrud von le Fort auf dieses Scherzwort ein, fügt jedoch hinzu: »Aber der Kater ist eben doch drinnen, weil jedes Diesseits von der Kraft des Jenseits lebt.«

Die Frage, ob Gott überhaupt existiert, ist eine Frage, die sich viele Menschen stellen, die sich viele schon gestellt haben und sicher auch – so hoffe ich – weiterhin stellen werden. Ich kann dazu wenig sagen. Ich merke nur, dass ich, wenn ich lese, was manche Neurowissenschaftler dazu sagen, ein ungutes Gefühl habe. Sie versuchen Aussagen über Gott beziehungsweise seine Nicht-Existenz zu machen, die von einem Verständnis ausgehen, nach dem man Gott chemisch oder physikalisch nachweisen oder seine Nicht-Existenz beweisen könne.

So glaubt der Neuropsychologe Michael Persinger (vgl. Trutwin 2009, S. 129), den Nachweis führen zu können, dass der Gottesglaube nichts anderes sei als das Ergebnis einer pathologischen Überempfindlichkeit des Gehirns. Religiöse und mystische Erfahrungen sind für ihn lediglich Erzeugnisse von Gehirnfunktionen im Schläfenlappenbereich, die im Labor künstlich erzeugt werden können. Diese Experimente erwecken den Eindruck, »als wollten Forscher Mozarts Klavierkonzerte besser verstehen, indem sie die Wirkung seiner Musik aufs Gehirn gründlich analysieren, oder ein literarisches Kunstwerk dadurch erklären, dass sie während der Lektüre die chemischen Prozesse im Kopfe untersuchen« (ebd.).

ANSELM GRÜN: Ich erlebe auf Tagungen und entdecke in der Literatur, dass die Gehirnforschung die Menschen immer mehr fasziniert. Aber wenn wir mit seriösen Gehirnforschern sprechen, dann bekennen sie selbst, dass die Gehirnforschung überhaupt nichts über die Existenz Gottes aussagen kann.

Die Aussagen über Gott stehen auf einer anderen Ebene. Die Gehirnforschung kann nur die Resonanz der religiösen Gefühle im Gehirn erforschen. Aber sie kann selbst nicht sagen, was zuerst da ist: das Gefühl, das sich im Gehirn ausdrückt, oder die chemische Reaktion im Gehirn, die ein Gefühl auslöst. Beides hängt eng miteinander zusammen.

Mich fasziniert an der Gehirnforschung, dass die Wissenschaft heute Erfahrungen bestätigt, die Mönche vor 1600 Jahren schon gemacht haben: Unsere Gedanken beeinflussen den Körper. Die Mönche wussten, dass das Jesus-Gebet, das wir mit dem Atem verbinden, nicht nur unser Denken und Fühlen prägt, sondern auch unserem Leib guttut, ja, dass es oft eine heilende Wirkung auf krank machende Lebensmuster haben kann. Darüber wollen wir uns ja später noch ausführlicher unterhalten.

Gott ist nicht der Lückenbüßer, auf den wir immer dann stoßen, wenn wir mit wissenschaftlichen Methoden nicht weiterkommen. Die Sprache von Gott ist auf einer anderen Ebene als die wissenschaftliche Sprache. Daher sehe ich keinen Gegensatz zwischen Gehirnforschung und Theologie. Als Theologe ist es durchaus gut, etwas von der Physik, der Biologie, der Psychologie und eben auch von der Gehirnforschung zu verstehen, damit wir nicht naiv von Gott reden, sondern unser Reden von Gott auch vor der Vernunft verantworten können.

WUNIBALD MÜLLER: Das sehen offensichtlich auch viele Wissenschaftler so, unter denen viele an Gott glauben. Ich stimme dir zu, dass wir unser Reden von Gott vor der Vernunft verantworten können müssen. Mir gefällt, wenn Hans Küng (1992, S. 22) den Glauben des Menschen als »ein begründetes und in diesem Sinn eben vernünftiges Vertrauen« bezeichnet. Ein solches Vertrauen habe zwar keine strengen Beweise, aber gute Gründe. »Wie ja doch auch ein Mensch, der nach manchen Zweifeln auf einen anderen Menschen sich in Liebe einlässt, genau besehen keine strengen Beweise für sein Vertrauen hat, wohl aber – wenn es sich nicht um eine fatale ›blinde Liebe‹ handelt – gute Gründe.«

ANSELM GRÜN: Die frühen Christen wurden ja von manchen Vertretern der römischen Gesellschaft als Atheisten verschrien, weil sie nicht so naiv von Gott sprachen, wie das der römische Staatskult tat. In der Areopagrede, die Lukas dem Paulus in den Mund legt, führt Lukas den Dialog mit der religionskritischen Philosophie der Stoa. Die stoische Philosophie kritisierte den naiven Gottesglauben, wie er in der damaligen Volksfrömmigkeit und in den Göttersagen vertreten wurde.

Lukas greift diese Sicht auf: »Gott, der die Welt erschaffen hat und alles in ihr, er, der Herr über Himmel und Erde, wohnt nicht in Tempeln, die von Menschenhand gemacht sind. Er lässt sich auch nicht von Menschen bedienen, als brauche er etwas: er, der allen das Leben, den Atem und alles gibt ... Keinem von uns ist er fern. Denn in ihm leben wir, bewegen wir uns und sind wir, wie auch einige von euren Dichtern gesagt haben: Wir sind von seiner Art« (Apg 17,24–25.27–28).

Lukas bestätigt das Gottesbild der griechischen Aufklärung. Sein Gottesbild kann dem Urteil der Vernunft standhalten. Und zugleich ist es offen für die Mystik, die, damals wie heute, die Menschen bewegt. Gott ist unbegreiflich, unsichtbar und doch ist er auch in uns. Wir sind von seiner Art. Wer und was Gott ist, erkennen wir also auch, indem wir den Menschen richtig betrachten und beurteilen.

Gott bleibt immer nur erahnbar

WUNIBALD MÜLLER: Ja, Gott ist unbegreiflich, unsicht-
bar und doch ist er auch in uns. Gott hat, so heißt es bei
Kohelet im Alten Testament, die Ewigkeit in uns gelegt.
Wenn Gott in uns ist, wird unser Erlebnis- und Erfahrungs-
bereich um eine neue Dimension erweitert. Der Philosoph
Ludwig Wittgenstein notierte 1916 in einem Heft:»Den
Sinn des Lebens, das heißt den Sinn der Welt, können wir
Gott nennen.« Das finde ich interessant, wenngleich das
auch eine Begrenzung dessen ist, wer Gott ist. Wenn Ludwig
Wittgenstein den Sinn des Lebens Gott nennt, wird eine
Dimension eröffnet, die die Dimension »Welt«, aber auch
die Dimension »Vernunft« sprengt, in der allein wir nicht
den Sinn unseres Lebens finden können.

ANSELM GRÜN: Karl Rahner, über den ich promoviert
habe und den ich nach wie vor als Theologe sehr schätze, hat
zu beschreiben versucht, dass wir bei jedem Denken über das
Vorfindbare hinausgehen und letztlich die Transzendenz mit-
bedenken. Jeder Akt des Denkens übersteigt den konkreten
Gegenstand des Denkens und übersteigt ihn auf Gott hin.
    Das klingt für viele vielleicht zu abstrakt. Aber Karl Rah-
ners Ansatz ist für mich heute noch wichtig: Wenn wir richtig denken, denken wir letztlich immer Gott mit. Daher ist
es mir wichtig, dass wir nicht einfach über Gott reden, als
wüssten wir genau Bescheid, sondern dass wir redlich denken, wie es uns Karl Rahner vorgemacht hat, und in unserem Denken, wenn wir es zu Ende denken, auf das Geheimnis Gottes stoßen.

WUNIBALD MÜLLER: Und das sollten wir Gott auch bleiben und sein lassen: ein Geheimnis. Mir gefällt hier, was Martin Buber (1923, V) über das Geheimnis schreibt: »Ich bin die dunkle Seite des Mondes; ihr wisset um mein Dasein, aber was ihr für die Helle festsetzt, gilt für mich nicht. Ich bin der Rest der Gleichung, der nicht aufgeht; ihr mögt mich mit einem Zeichen belegen, aber auflösen könnt ihr mich nicht.«

Solange jemand Gott erklären, definieren will, wird er immer wieder an Grenzen kommen. Denn Gott ist nicht so wie eine Sache. Gott bleibt immer nur erahnbar. Als ich eine Woche lang in Afrika war, hatte ich manchmal, wenn ich in aller Frühe hinaus ins Freie ging, das Gefühl, dass mir Gott näher war als sonst. Ich spürte die Anwesenheit eines »Numen«, wie C.G. Jung sagen würde. Mit meinem religiösen Hintergrund würde ich es als Gott bezeichnen. Hätte ich nie von Gott gehört, hätte ich vermutlich die gleiche Erfahrung gemacht, diese aber vielleicht anders bezeichnet.

ANSELM GRÜN: Mir ist es einmal so gegangen, als ich in einem Wald spazieren ging. Auf einmal war da ein Rauschen des Windes, das mich gleichsam einhüllte in das Geheimnis. Ich fühlte dieses Rauschen des Windes wie das Wehen des Heiligen Geistes. Es war eine ganz dichte Atmosphäre. Ich konnte sie für mich nur so beschreiben, dass ich mich ganz und gar von Gott umhüllt und umweht fühlte.

Da ist mir aufgegangen, warum Lukas das Kommen des Heiligen Geistes an Pfingsten als einen Sturm beschrieben hat. Wenn ich nicht nur den Wind spüre und nicht nur die Gewalt des Sturmes, sondern auch das, was in ihnen liegt,

dann erahne ich Gottes Wirken, dann fühle ich mich von
Gott berührt.

»Es gibt wahrscheinlich keinen Gott.
Also hören Sie auf, sich Sorgen
zu machen ...«

WUNIBALD MÜLLER: Für uns stellt der Glaube an Gott,
die Erfahrung, dass es Gott gibt und Gott in unser Leben
hineinwirkt, eine große Bereicherung für unser Leben dar.
Andere sehen das offensichtlich anders. »Es gibt wahrscheinlich keinen Gott. Also hören Sie auf, sich Sorgen zu machen,
und erfreuen Sie sich Ihres Lebens.« Mit diesem atheisti-
schen Slogan fuhren Anfang 2009 rund 800 Busse in Groß-
britannien und in anderen Ländern. In Deutschland ist
Ähnliches geplant.

Eine tröstliche Botschaft? So klingt es zunächst. Dabei
wird suggeriert, dass das Leben unkomplizierter, unbeschwer-
ter sei, gäbe es Gott nicht. Gott wird hier wohl als eine
Macht gesehen, die unser Leben beeinträchtigen will, die
uns die Freuden des Lebens miesmachen will. Eine Vorstellung, die ich zum Teil kenne, wenn ich an meine religiöse
Erziehung denke, die mir aber inzwischen ganz fremd ist.

Heute steht Gott für mich als eine Kraft, die mir Gutes
will, die daran interessiert ist, dass ich aufblühe, dass ich
wirklich lebe. Irenäus von Lyon sagt: Die Ehre Gottes ist der
lebendige Mensch. Das ist es, was Gott will. Dass ich leben-

dig bin. Dass ich mein Leben zulasse, das Leben, das er mir geschenkt hat. Dass ich am meisten zu seiner Ehre beitrage, wenn ich mein Leben in seiner möglichen Fülle lebe.

ANSELM GRÜN: Nachdem die Psychologie ihre Skepsis Gott gegenüber aufgegeben hat und – im Gefolge von C.G. Jung und der transpersonalen Psychologie – von der heilenden Wirkung Gottes auf die menschliche Psyche gesprochen hat, entsteht heute ein neuer Atheismus, der sich oft sehr kämpferisch gibt.

Der Atheismus eines Stephen Hawking will beweisen, dass die Religionen schuld an allen Kriegen seien. Ohne Religionen wäre es friedlicher auf der Welt. Das geht etwa in dieselbe Richtung wie die Aufkleber auf den Bussen. Ohne Gott wäre es friedlicher auf der Erde und die Menschen wären glücklicher. Doch das ist eine Schutzbehauptung, die absolut nicht erwiesen ist. Im Gegenteil: Ohne Gott gäbe es keine Atheisten. Denn die Atheisten müssen Gott ja leugnen. Wenn es keinen Gott gäbe, bräuchte es auch keine Atheisten, die ständig um den Gottesgedanken kreisen.

WUNIBALD MÜLLER: Wenn ich das richtig sehe, geht es hier nicht nur um die Frage, ob es Gott gibt oder nicht. Selbst wenn es ihn gibt, entscheiden sich manche bewusst gegen ihn, weil durch ihn oder die Religionen, die sich auf Gott berufen, viel Leid, Ungerechtigkeit, ja Kriege in unsere Welt gekommen seien. Dass Religionen dafür verantwortlich gemacht werden können und müssen, ist offensichtlich. Doch ob das etwas mit Gott zu tun hat, steht für mich noch einmal auf einem anderen Blatt. Hier wird Gott, auch von Religionen beziehungsweise manchen ihrer Vertreter und Repräsentanten, für etwas vereinnahmt, was mit Gott nichts zu tun hat.

An dieser Stelle wird für mich besonders deutlich, wie sehr menschliche Gedankengebäude von Gott so unendlich weit weg sind von dem, was Gott im Tiefsten ausmacht. Nicht selten entarten diese äußeren, abstrakten Überlegungen zu und über Gott zu einer Ideologie. Für den, der Gott aus seiner eigenen Tiefe heraus begegnet ist, hat das wenig, ja nichts mit Gott zu tun.

Wer daher Gott verneint oder ablehnt, weil sein Bild, seine Vorstellung von Gott auf diesen äußeren Überlegungen oder den Verzerrungen von Gott, für die zum Teil auch die Religionen selbst verantwortlich zu machen sind, gründet, den kann ich gut verstehen. Ich wünsche ihm aber, dass er sich dadurch nicht davon abhalten lässt, zumindest offen dafür zu sein, den »wahren« Gott zu finden, der ihm nach meiner Überzeugung nur in der eigenen Tiefe begegnen kann.

Im Traum gibt es keine Atheisten

ANSELM GRÜN: C.G. Jung meinte einmal, im Traum gebe es keine Atheisten. Denn die Weisheit der Seele trage in sich Symbole und Bilder von Gott. Er hat die Erfahrung gemacht, dass keiner seiner Patienten über 35 Jahre wirkliche Heilung erfahren hat, wenn er sich nicht dem Thema Gott und Religion stellte. Jung würde diesen modernen Atheisten antworten: »Ihr denkt nur mit dem Verstand. Aber ihr überspringt die Weisheit der Seele. Wer jedoch die Weisheit der Seele überspringt, der wird rastlos und letztlich neurotisch.«

Die Aggressivität des neuen Atheismus zeigt deutlich, dass man sich hier gegen die Weisheit der Seele wendet und daher so viele rationale Gründe braucht, um das Wissen der Seele zu entwerten und abzuwehren. Ich habe den Eindruck, dass die Atheisten es heute nötig haben, in dieser Welt hoffähig zu werden. Daher treten sie so selbstbewusst auf.

WUNIBALD MÜLLER: Viele Atheisten sind Atheisten, weil sie gar nicht anders können. Sie sind davon überzeugt und müssen es ja um ihrer eigenen Redlichkeit willen sein. Ich bin von meiner persönlichen Lebenserfahrung und von meinem Beruf als Psychotherapeut her nicht so sehr an philosophischen und theologischen Fragestellungen interessiert, ob jetzt Gott existiert oder nicht, sosehr ich das für wichtig und legitim halte.

Für mich ist entscheidender, welche Bedeutung mein Glaube oder aber mein Nicht-Glaube an Gott bei der Bewältigung der existenziellen Fragestellungen und Erfahrungen meines Lebens einnimmt. Ich denke da an die Auseinandersetzung mit persönlichem Leid, existenzieller Angst, existenziellem Alleinsein, Vergänglichkeit und Tod.

Ich pflichte Wittgenstein bei, der in seinem *Tractatus logico-philosophicus* auf die Frage nach der Existenz Gottes schreibt: »Wir fühlen, dass, selbst wenn alle möglichen wissenschaftlichen Fragen beantwortet sind, unsere Lebensprobleme noch gar nicht berührt worden sind.« Die Gottesfrage wird hier also heruntergehoben in die Banalität des Alltags, in die Wirklichkeit unseres Lebens. Ich erfahre dann etwas von Gott durch einfache Menschen, kann Gott in ihrem Leben ablesen und entdecken.

Der Weisheit der Seele trauen

ANSELM GRÜN: In der Diskussion mit Jugendlichen höre ich oft das Argument: »Gott gibt es nicht. Das ist alles nur Einbildung, damit die Menschen besser mit ihrem Leid zurechtkommen. Doch wir müssen das Leid einfach bewältigen.« Natürlich ist in dieser Argumentation etwas richtig. Ob Gott Einbildung ist oder nicht, können wir letztlich nicht beweisen. Wir müssen uns für eine Variante entscheiden.

Aber oft höre ich aus dieser Argumentation heraus, dass die Jugendlichen ihr Leben selbst planen und kontrollieren wollen. Sie haben Angst vor dem, was ihre eigenen Gedankengebäude stören könnte. Sie haben Angst vor dem Unberechenbaren, nicht Planbaren. Sie möchten ihr Leben in den

Griff bekommen. Das ist legitim. Doch ich spüre oft etwas Verkrampftes in diesem Bemühen.

Daher ist die Leugnung Gottes oft der Versuch, sein Leben in den Griff zu bekommen. Man will damit der Angst vor dem Geheimnis entgehen, der Angst vor dem, was nicht planbar ist. Doch je mehr ich der Angst ausweichen will, desto mehr wird sie mich einholen. Daher müssen die so Argumentierenden immer nach neuen Gründen für ihren Atheismus suchen, weil die Weisheit der Seele dafür keinen Grund kennt.

WUNIBALD MÜLLER: Heißt das, die Weisheit der Seele lehnt sich dagegen auf? Dann könnte man ja darauf vertrauen, dass sich die Weisheit der Seele irgendwann durchsetzt, irgendwann die Stelle, die Situation im Leben eines Menschen findet, an der die Ahnung durchbricht, dass es eine höhere Macht, Gott, gibt. Wenn ich an Leute wie Marcel Reich-Ranicki oder den von mir sehr geschätzten Psychotherapeuten und Schriftsteller Irvin Yalom denke – beide sind Juden, die sich als erklärte Atheisten verstehen –, habe ich da meine Zweifel.

Ich stimme ihnen nicht zu, aber sie lehren mich, erinnern mich daran, noch behutsamer und bescheidener von Gott zu reden. Das täte auch den Kirchen und unseren Predigten gut. Das gilt zum einen für unsere Gotteserfahrungen, die dunkel, obskur, unbegreiflich und – Gott sei Dank – geheimnisvoll bleiben. Es gilt aber noch mehr für jenes Reden von und über Gott, bei dem wir Gott für etwas verantwortlich machen, ihn für etwas zuständig erklären. Wir sind letztlich so weit weg von Gott, dass alles, was wir von ihm sagen, nicht mehr ist als ein hilfloses Gestammel, das oft nicht mehr als eine Spekulation bleibt und einen letztlich unbrauchbaren und untauglichen Versuch darstellt, etwas über Gott auszusagen.

ANSELM GRÜN: Allerdings ist der Atheismus natürlich eine ständige Herausforderung für die, die an Gott glauben. Während des Zweiten Vatikanischen Konzils haben gerade die Trappisten, die ja ihre Existenz ganz und gar auf die Gottsuche bauen, einen Brief geschrieben, in dem sie den Atheismus als eine ständige Gefährdung auch der Glaubenden sehen. Wer Gott sucht, muss sich ständig auch damit auseinandersetzen, ob das alles nur Einbildung ist. Er muss sich immer wieder fragen, was er denn mit Gott meine.

Die Bibel beschreibt, wie der Mensch sich zum Menschen und zu Gott verhält

WUNIBALD MÜLLER: Die Frage nach Gott spielt auch häufig bei der Diskussion, wie die Welt und der Mensch entstanden sind, eine Rolle. Ob die Bibel oder Darwin recht haben. Welche Rolle Gott dabei gespielt hat. So fragt James Watson, der vor über 50 Jahren mit der DNS die Geheimstruktur hinter allem Leben auf Erden vorhersagte: »Wer hat den genialen genetischen Code und das wunderschöne Wendeltreppenmolekül erfunden, wenn es nicht eine Art Gott gibt? Was ist dann der Ursprung des Lebens?«, um darauf zu antworten: »Manche Fragen wird man eben nicht beantworten können ... wir werden mehr über den Menschen lernen, wenn wir in den Schimpansen schauen als in die Bibel« (in: Wornser 2003).

Es gibt viele Wege und Zugänge, um etwas über den Ursprung des Menschen zu erfahren, darunter die wissenschaftliche Forschung und die Bibel. Das eine schließt das andere nicht aus. Die Bibel ist unter anderem auch eine Sammlung von Mythen, dem Stoff, der zur Menschheitsgeschichte gehört, eine Art angesammelte, kollektive Weisheit, ein tiefes Wissen. In die Bibel schauen heißt daher auch, ein vertieftes Wissen über den Menschen und seinen Ursprung zu erhalten, die uns oft nicht bewusste, tiefere Schicht unseres Seins besser kennenzulernen, den Bezug des Menschen zum Göttlichen zu erahnen.

ANSELM GRÜN: Die Bibel spricht in der Schöpfungsgeschichte auf sehr mythische Weise vom Menschen. Natürlich sagt sie uns nicht viel über die Entstehungsgeschichte des Menschen, über seine Biologie und über die Strukturen seines Gehirns. Aber sie sagt uns etwas Wesentliches über seine Psyche. Sie sagt uns, dass der Mensch eingebettet ist in den Kosmos, dass er aber sein Menschsein übersteigen möchte und sein möchte wie Gott. Das ist die Urversuchung des Menschen.

Weiter beschreibt die Bibel in vielen Geschichten, wie der Mensch sich zum Menschen und wie er sich zu Gott verhält. Dabei beschönigt sie den Menschen nicht, sondern schildert ihn in seiner ganzen Abgründigkeit. Aber immer wieder lesen wir auch in der Bibel, wie dieser in sich zerrissene, von Neid und Hass sich nährende Mensch verwandelt wird, wenn er sich auf Gott einlässt. Gott ist die eigentliche Therapie des Menschen. So zeigt es uns das Alte Testament. Das Neue Testament nimmt dieses Thema auf. Da ist es Jesus selbst, der die Kranken heilt. In der Begegnung mit ihm werden sie frei von krank machenden Lebensmustern, von Dämonen, von zwanghaften Größenfantasien, von inneren Komplexen und Ängsten.

WUNIBALD MÜLLER: Worauf ich hinauswill, ist: Sosehr wir als Gläubige davon überzeugt sind, in unseren heiligen Schriften Gottes Stimme zu vernehmen, so dürfen wir dennoch nie vergessen, dass es sich dabei nicht um ein blueprint, eine fertige Vorlage, handelt. Wer die Bibel so versteht, verkennt ihre wahre Intention.

Die Bibel kann uns helfen, wenn wir in sie hineinhören, wacher, sensibler zu werden für das große Geheimnis, das wir Gott nennen. Doch auch sie stellt einen immer nur unzulänglichen Versuch dar, Gott in dem, was ihn letztlich ausmacht, darzustellen und zu vermitteln. Freilich ist das ein Versuch, dem unter den vielen Versuchen eine besonders große Bedeutung zukommt. Sehr treffend wird das im 4. Laterankonzil formuliert, wenn es heißt:»Wir glauben und bekennen ..., dass es eine höchste Wirklichkeit gibt, und zwar eine unbegreifliche und unaussprechliche, die wahrhaftig Vater, Sohn und Heiliger Geist ist.«

Gott kann zu mir über die Bibel sprechen – wie er auch über mein tiefstes Inneres und einen Fremden zu mir sprechen kann. Das ist mir wichtig. Was die Bibel mir über die Entstehung der Erde und der Schöpfung sagt, also wie das genau abgelaufen ist, hat für mich nur eine geringe Bedeutung, wenn es überhaupt eine Bedeutung hat. Auch, weil es ja darum gar nicht geht. Es geht darum, in allem und hinter allem das Wirken und Schaffen dieser geheimnisvollen Kraft, die wir Gott nennen, zu erspüren und uns zu ermutigen und anzuregen, dafür sensibel zu werden, bei allem Erklärbaren dem Unerklärbaren Raum zu lassen.

BILDER VON GOTT, DIE UNS PRÄGEN

Was hat mein Bild von Gott mit dem wirklichen Gott zu tun?

WUNIBALD MÜLLER: Wir sind in unserem Gespräch bereits auf die Bilder eingegangen, die wir von Gott haben. Wir tragen vermutlich alle bestimmte Bilder von Gott in uns. Bilder, die uns von den Eltern, im Unterricht, von der Religion, der wir angehören, vermittelt worden sind. Etwa das Bild, dass Gott uns kontrolliert und kleinhalten will, oder das Bild von Gott als dem barmherzigen Vater, das für mich ein wichtiges Bild von Gott ist.

Wir scheinen das zu brauchen, sosehr es in der Entwicklung unserer Spiritualität auch ein Ziel sein kann, ohne solche Bilder von Gott auszukommen. Wir erkennen, dass auch sie nur blasse, vage Andeutungen über Gott und seine Eigenschaften sein können. Da die Bilder von Gott, die wir haben, uns stark prägen können und unsere Einstellung und unser Verhalten uns selbst und anderen gegenüber bestimmen können, ist es natürlich auch entscheidend, welches Bild wir von Gott haben.

Daraus ergeben sich viele Fragestellungen, zum Beispiel: Was hat mein Bild von Gott mit dem wirklichen Gott zu tun? Was weiß ich über den wahren Gott? Woran erkenne ich, dass mein Bild von Gott etwas mit dem wahren Gott zu tun hat? Also wagen wir es, auf diese Fragestellungen einzugehen, mit denen wir uns selbst auseinandersetzen müssen und die uns in unserer Begleitung als Psychotherapeut oder geistlicher Begleiter oft beschäftigen.

ANSELM GRÜN: In der geistlichen Begleitung erlebe ich oft, dass Menschen von negativen Gottesbildern geprägt sind. Da ist das Bild des strafenden Gottes. Solche Menschen tragen in sich oft eine Selbstbestrafungstendenz. Die Arbeit am Gottesbild ist dann immer auch Arbeit am Selbstbild. Statt sich selbst zu bestrafen, sollten diese Menschen lernen, sich selbst anzunehmen und sich von Gott angenommen zu wissen. Oder da ist das Bild des Richter-Gottes. Bei vielen führt das zu einem Selbstbild, dass sie sich selbst ständig richten und verurteilen und alles in sich bewerten und benoten.

Andere tragen in sich das Bild des kontrollierenden Gottes, der alles sieht, der der verlängerte Arm der Eltern ist. Dieses Bild führt dann oft dazu, dass die Menschen alles ängstlich in sich kontrollieren. Sie leben in der Angst, sie könnten ihre Gefühle oder Leidenschaften nicht kontrollieren. Dann käme all das Negative in ihnen zum Vorschein. Oft steckt dahinter ein sehr negatives Selbstbild: Alles an mir ist schlecht, deshalb muss ich es kontrollieren, damit es keine destruktive Wirkung nach außen hat. Aber der Versuch, alles in sich unter Kontrolle zu halten, scheitert meistens. Irgendwie gerät dann das ganze Leben außer Kontrolle.

Welche Erfahrungen machst du mit diesen Gottesbildern und wie kannst du als Therapeut diese Bilder ansprechen, ohne dass sie krank machen, sondern auf etwas Wesentliches hinweisen, auf Gesetze unserer Psyche und unserer Welt?

WUNIBALD MÜLLER: In meinem Beratungszimmer habe ich ein Bild Rembrandts hängen, auf dem der verlorene Sohn abgebildet ist, der von seinem Vater liebevoll zu Hause begrüßt wird. Manchmal bitte ich die Menschen, die ich begleite, einen Blick auf dieses Bild zu werfen. Vor allem Menschen, die Zweifel haben oder sich nicht vorstellen können, dass Gott sie bedingungslos annimmt.

Diese Menschen tragen oft ein Bild von Gott in ihrem Herzen, das diesem Bild von Gott als barmherzigen Vater diametral entgegensteht. Sie tragen nicht nur dieses Bild von Gott in sich, sie erleben Gott auch als eine Kraft, die ihnen das Leben zur Hölle macht, sie mit schwersten Gewissensbissen belädt, etwa, weil sie homosexuell sind, weil sie gegen kirchliche Normen verstoßen haben, weil sie den Erwartungen ihrer Eltern oder Vorgesetzten nicht entsprochen haben, und so weiter.

In solchen Fällen ist es oft schwer, ein Bild von Gott zu vermitteln, das Gott als eine Kraft, als ein personales Gegenüber versteht, das niemanden verachtet und verurteilt. Hier genügt es nicht, von dem gütigen und allbarmherzigen Gott zu sprechen. Hier ist es oft wichtig, dass Menschen durch die Begegnung mit anderen Menschen, die sie bedingungslos lieben, die *Erfahrung* machen, bedingungslos geliebt zu werden. Sie müssen eine Erfahrung machen, die andere, alte

Erfahrungen, bei denen sie sich als nicht bedingungslos geliebt erfahren haben, aufhebt und als nicht länger gültig erweist. Das kann oft lange dauern und wird mit vielen Widerständen einhergehen, bis vielleicht doch am Ende die bedingungslose Liebe des Therapeuten oder eines anderen Menschen bis zu ihrem Herzen durchdringt, bis deren Liebe bei ihnen ankommt, Liebe auf Liebe trifft und die Liebe des Menschen, der sich als nicht geliebt erlebt, erlöst und befreit wird, sodass sie fließen und wieder leben kann. Es ist die Macht der Liebe, die hier »Wunder« zu bewirken vermag.

Das wäre ein Beispiel dafür, wie ich dazu beizutragen versuche, ein sogenanntes negatives Gottesbild um ein positives Gottesbild zu ergänzen, mitunter auch zu ersetzen. Dabei sehe ich da letztlich nur dann eine Chance, wenn es mir gelingt, die Erfahrungsebene anzusprechen und dort hineinzuwirken.

ANSELM GRÜN: Sosehr wir diese negativen Gottesbilder auflösen müssen, damit der Mensch ganz Mensch sein kann, so steckt in jedem dieser Bilder doch auch ein Kern von Wahrheit. Wenn wir diese Bilder nur wegwischen, dann sind wir in Gefahr, uns allzu harmlose Gottesbilder zu formen, die uns angenehmer sind. Aber dann werden wir weder dem Wesen Gottes noch unserem eigenen Leben mit seinen Widersprüchen gerecht.

Die Kunst würde darin bestehen, den Kern von Wahrheit und die therapeutische Dimension dieser alten Gottesbilder neu zu entdecken, diese Gottesbilder so zu beschreiben, dass sie uns zum Leben und in die Wahrheit führen.

Vom richtenden Gott

WUNIBALD MÜLLER: Du meinst also, ohne jetzt Gott auf dieses oder jenes Bild – etwa das des strengen Richters – zu reduzieren, dass in diesem Bild ein Fünkchen Wahrheit über Gott zum Ausdruck kommen könnte, der wir nicht zu schnell aus dem Weg gehen sollten. Das leuchtet mir ein. Das heißt, unsere Zurückhaltung, zum Beispiel auch vom Richter-Gott zu sprechen, soll nicht so weit gehen, jetzt gar nicht von einem richtenden Gott zu sprechen, weil Menschen, die einseitig von diesem Gottesbild geprägt sind, zunächst einmal einen Zugang zum barmherzigen und bedingungslos liebenden Gott finden müssen. Gerade bei Fragen von echter Schuld finde ich es wichtig, diese nicht zu übergehen, sondern ernst zu nehmen. Doch wie gehst du vor, wenn du vom Richter-Gott sprichst?

ANSELM GRÜN: Ich möchte es nur zu erklären versuchen: Lange Zeit habe ich nie über den Richter-Gott gesprochen, weil ich oft genug den Richter-Gott als den verurteilenden Gott bei mir selbst und bei den Klienten erkannt habe. Aber dass Gott Richter ist, dass er das Leben immer wieder so ausrichtet, dass es richtig wird, dass die Menschen richtig und aufrecht leben können, das ist durchaus eine positive Botschaft. Gott ist nicht ohnmächtig.

Wenn wir den Gedanken des Gerichtes weglassen, das uns im Tod erwartet, dann können wir uns kaum vorstellen, dass Täter und Opfer im Himmel zusammenleben können. Entweder werden wir dann rigoros: Alle Täter werden in der Hölle landen. Oder aber das Leben wird beliebig: Es ist ganz gleich, wie ich hier lebe, wir werden doch alle in den Himmel kommen. Das führt aber bei den Opfern zur Resignation: Die Täter haben das gleiche Schicksal wie wir Opfer. Damit Täter und Opfer zusammenleben können, müssen sie gerichtet werden, ausgerichtet werden auf Gott, ausgerichtet auf die Liebe, auf die Wahrheit, auf die Vergebung.

WUNIBALD MÜLLER: Da muss ich unwillkürlich an Michelangelos »Jüngstes Gericht« in der Sixtinischen Kapelle im Vatikan denken. Ich hatte vor einigen Jahren eine Sonderführung und daher viel Zeit, das Gemälde auf mich wirken zu lassen. Das Inferno, die Panik, die Endzeitstimmung, die hier eingefangen werden, berührten mich zutiefst. Die totale Verwirrung. Die Ausweglosigkeit. Das Hinabstürzen. Der Versuch, sich festzuhalten, sich hochzuziehen, vor dem Verderben bewahrt zu werden. Auch die Gesichter derer, die gerettet werden, sind gezeichnet von dem Entsetzen über das Geschehen.

Solche und ähnliche Bilder haben sich tief in die Herzen von Menschen eingeprägt und können auch ihr Bild von Gott und natürlich auch von Gottes Gerechtigkeit bestimmen. Da ist die Furcht, eines Tages vor Gott nicht bestehen zu können, dort die Hoffnung, dass es wenigstens am Ende gerecht zugeht und der belohnt wird, der gut, der bestraft wird, der schlecht war.

ANSELM GRÜN: Als ich in Rom studierte, hatte ich über Ostern oft Besuch von meinen Geschwistern. Da habe ich sie immer in die Vatikanischen Museen und natürlich auch in die Sixtinische Kapelle geführt. Dort standen immer viele Menschen vor Michelangelos imposantem Gemälde. Da wird ein anderer Christus dargestellt, als wir ihn in der damaligen Theologie kennengelernt haben. Es ist ein kraftvoller Jesus, aber auch ein Jesus voller Zorn über die Menschen, die sich von Gott abgewandt haben. Es ist ein revolutionäres Gemälde. Ich deute es so, dass Michelangelo damit gegen die Vereinnahmung Jesu durch die Kirche protestiert hat. Er wollte nicht den einfachen Menschen Angst machen, sondern die Christen aufrütteln, die sich in ihrem Glauben eingerichtet hatten. Manchmal braucht es diese andere Perspektive, damit wir den Glauben und das Leben nicht verharmlosen. Maria muss ihren Sohn gleichsam besänftigen, damit er nicht allzu streng richtet.

Doch in diesem Gemälde sehe ich nicht nur das Bedrohliche, sondern auch das Kraftvolle. Michelangelo zeichnet nicht nur Jesus voller Kraft, sondern auch die Menschen zu beiden Seiten, sowohl die Verdammten als auch die Erlösten. Er drückt damit aus, dass es nicht darum geht, die Kraft der Leidenschaften abzuschneiden, sondern sie zu verwandeln. In den Himmel kommen nicht die Angepassten und Braven, sondern die, die ihre Leidenschaften vom Geist Jesu verwandeln lassen, der ja auch voller Leidenschaft ist, aber auch voller Klarheit und Gerechtigkeit.

Wenn Gott zum Tyrannen wird

WUNIBALD MÜLLER: Mir begegnen in der Beratung Menschen, die sich vor Gott fürchten, die vor Gott Angst haben. Für sie ist Gott ein Tyrann, der ihnen an den Kragen will. Sie erleben Gott als jemanden, der sie kontrolliert, sie bestrafen, an ihnen Rache üben will. Sie haben ein Gottesbild, das verheerende Auswirkungen auf ihr Leben haben kann. Gott wird hier zum Monster, dem sie sich als hilflos ausgeliefert erleben. Um ihn gnädig zu stimmen, versuchen sie alles, was er ihrer Meinung nach von ihnen erwartet, zu erfüllen. Sie sind ständig auf der Hut, leben ständig in der Angst, es ihm nicht recht machen zu können.

In solchen Fällen ist es wichtig, hinzuschauen, woher dieses Bild von Gott kommt, welche Erfahrungen dahinterstehen. Um schließlich, nachdem man den Betreffenden geholfen hat, sich von solchen Bildern von Gott zu verabschieden, einen anderen Zugang zu Gott zu bekommen. Gott mit der Zeit – und das kann sehr lange dauern – als einen Gott zu erkennen und dann vor allem zu erfahren, vor dem man sich nicht fürchten muss.

Das heißt nicht, dass Gott nicht auch streng sein kann, uns nicht herausfordert oder ermahnt. Gott ist kein »Kuschel-Gott«. Entscheidend ist, dass uns Gott, auch wenn er uns ermahnt und herausfordert, bedingungslos liebt. Jeden einzelnen Menschen. Das ist für mich die zentrale Aussage: Wir fallen nie aus Gottes Liebe heraus.

Dann kann Gott auch der richtende Gott sein, der sich für die Gerechtigkeit einsetzt. Sein richterliches Walten geht aber einher mit seiner bedingungslosen Annahme. Sein Ziel ist es nicht, jemanden einfach abzustrafen. Ihm geht es vielmehr um die Umkehr, wenn wir von dem Weg abgewichen sind, der uns zu unserem inneren Frieden führt.

ANSELM GRÜN: Ich kann nicht beliebig leben. Das steckt als Kern der Wahrheit hinter dem Bild des strafenden Gottes. Das heißt: Die Realität reagiert auf mein Verhalten. Wenn ich gegen mein Wesen lebe, dann rebellieren der Leib und die Seele. Wenn ich völlig maßlos in mich hineinesse und maßlos trinke, dann »bestraft« mich mein Leib mit Krankheit. Natürlich dürfen wir nicht jede Krankheit als Strafe sehen. Aber das Bild des strafenden Gottes möchte uns aufmerksam machen, die Wirklichkeit ernst zu nehmen und nicht zu meinen, wir könnten sie nach eigenem Belieben zurechtrücken.

Wir erkennen es auch in größeren Zusammenhängen. Die Schöpfung rebelliert auf einen zu hohen Ausschuss von Treibhausgasen. Das Klima ändert sich. Wir sind heute hellhörig geworden, dass wir diese Welt nicht nach unseren Maßstäben behandeln dürfen, sondern uns nach ihr und ihren inneren Gesetzen richten müssen. Sonst bestrafen wir uns selbst.

Du sollst dir kein Bild von Gott machen

WUNIBALD MÜLLER: Eigentlich sollten wir uns kein Bild von Gott machen und doch sind wir auch darauf angewiesen oder müssen feststellen, dass wir nicht davon wegkommen. Manchmal können uns die Bilder, die andere

Menschen von Gott haben, aufrütteln, unsere eigenen Bilder durcheinanderbringen. Das kann schmerzvoll, aber auch heilsam sein und uns ein klein wenig näher an ein Erahnen, ein Erspüren Gottes bringen.

Letztlich müssen oder müssten wir uns aber zugestehen, dass alle Bilder, die wir uns von Gott schaffen, und auch die großen Bilder, die Künstler von Gott geschaffen haben, nicht mehr sind als ein kläglicher Versuch, etwas von der Unermesslichkeit und Unsagbarkeit Gottes anzudeuten. Das sollten wir nie vergessen.

ANSELM GRÜN: Ich kenne auch Zeiten, in denen ich vertraut mit Gott bin. Doch dann spüre ich auch oft die Gefahr, dass ich mich einrichte mit meinem Gott, dass ich mir meine Bilder von Gott zurechtlege, die mich beruhigen und meinen spirituellen Weg bestätigen.

Dann brauche ich entweder solche Bilder wie das »Jüngste Gericht« von Michelangelo oder aber Texte wie die von Wolfgang Borchert, etwa »Draußen vor der Tür«, um mich innerlich aufzurütteln und mir zu zeigen, dass Gott nicht einfach in der Rechnung meines Lebens aufgeht, sondern dass er der ganz andere Gott ist, der fremde Gott, den ich nicht verstehe, der auch dunkle Seiten hat, unverständliche Seiten. Der Dialog mit der Kunst ist daher für mich wichtig, um meinen Glauben immer wieder aufzubrechen für neue und unbegreifliche Seiten Gottes. Ich kenne die Gefahr, Gott in die eigenen Bilder zu zwängen.

TEIL II

Jahr der Gnade 1654. Montag, den 23. November ... Seit ungefähr zehneinhalb Uhr am Abend bis ungefähr eine halbe Stunde nach Mitternacht. Feuer. »Gott Abrahams, Gott Isaaks, Gott Jakobs«, nicht der Philosophen und Gelehrten. Gewissheit, Gewissheit, Empfinden: Freude. Friede. Gott Jesu Christi. Deum meum et Deum vestrum. »Dein Gott soll mein Gott sein.« Vergessen von der Welt und von allem, ausgenommen Gott. Er wird nur auf den Wegen gefunden, die das Evangelium lehrt. Größe der menschlichen Seele ... Freude, Freude, Freude und Tränen der Freude ... Dies ist das ewige Leben, dass ich Dich erkenne, den einzigen, wahren Gott.

Blaise Pascal, Mémorial

GOTT UND JESUS

In Jesus bekommt der unfassbare Gott ein menschliches Gesicht

ANSELM GRÜN: Für mich ist es eine wesentliche Frage, wie wir heute Gott und Jesus zusammenbringen. Dabei geht es mir nicht um dogmatische Belehrungen, sondern existenziell um die Frage, wie ich Jesus und Gott verbinden kann. Viele Menschen, die heute in asiatischen Religionen spirituell suchen, sind offen für Gott, für das absolute Geheimnis, das wir Gott nennen. Aber sobald ich von Jesus spreche, reagieren sie allergisch. Sie können Jesus höchstens noch als religiös begabten Menschen verstehen, der wie Buddha oder Mohammed tiefe spirituelle Erfahrungen gemacht hat.

Doch wenn ich von Jesus als dem Sohn Gottes spreche, reagieren sie abweisend. Und doch ist Jesus, der Sohn Gottes, die Grundlage unseres Glaubens. Natürlich kenne ich die Diskussion, dass die Bezeichnung »Sohn Gottes« im Judentum ein Beziehungsbegriff ist. Wer besonders eng mit Gott verbunden ist, der ist Sohn Gottes, so etwa König David. Aber die griechische Deutung dieses Wortes, die für die frühe Kirche maßgebend wurde, hat den Begriff »Sohn Gottes« seinsmäßig ausgelegt: Jesus ist Sohn Gottes, von Gott gezeugt. Schon Johannes hat Jesus als das Wort bezeichnet, das im Anfang bei Gott war. »Und das Wort war Gott« (Joh 1,1).

Für mich ist die Theologie Karl Rahners maßgebend, der von Jesus als der absoluten Selbstmitteilung Gottes spricht. Gott hat sich in Jesus auf absolute Weise uns Menschen mitgeteilt, anders als in den übrigen Menschen, durch die er durchaus auch zu uns sprechen kann. Wenn ich diese Theologie Rahners auf mich beziehe, so heißt es für mich: In Jesus geht mir auf, wer Gott ist. Gott entschwindet oft meinem Denken und Vorstellen. Oder ich merke, dass ich mir Gott nach eigenen Wünschen vorstelle. Jesus ist konkret. Er ist sperrig. Er lässt sich nicht so einfach in mein Schema der Gotteslehre pressen. Er sagt Worte, die provozieren. So begegnet mir Gott in Jesus als der andere, als der Fremde. Er tritt mir gegenüber. Er lässt sich nicht einfach vereinnahmen. Wie erlebst du Jesus und was bedeutet er für dich?

WUNIBALD MÜLLER: In Jesus bekommt für mich der unfassbare Gott, so unfassbar er bleibt, ein menschliches Gesicht. Ich finde das wunderbar. Der unermessliche Gott kommt uns in Jesus Christus nahe. Auf die Frage, wie er sich Gott vorstelle, antwortete der Münchner Erzbischof Reinhard Marx (2009, S. 36): »Gott ist für uns Menschen nicht konkret vorstellbar. Er ist der Schöpfer des ganzen Alls, das absolute Geheimnis. Das übersteigt jede Vorstellungskraft. Aber ich glaube: Er hat sich uns gezeigt in Jesus von Nazaret.

Jetzt haben wir einen Weg zu ihm, dem eigentlich Unbegreiflichen. Der menschgewordene Gott ist für uns eine Brücke.« Diese Sätze geben gut wieder, welche Bedeutung Jesus für mich in Bezug auf Gott hat. Der unbegreifliche Gott, zu dem ich auch immer wieder »Du« sagen kann, kommt mir in Jesus noch näher.

Jesus ist sehr konkret

ANSELM GRÜN: Die Personalität Gottes wird für mich in Jesus konkret. Jesus ist eine Person, die mir gegenübertritt. Ich habe manchmal den Verdacht, dass sich Menschen, die mehr eine vage Spiritualität leben, schwertun mit dem Anspruch Jesu. Jesus begegnet ihnen als Fremder, als einer, der sie herausfordert. Sie möchten aber Gott mehr für sich vereinnahmen und für sich benutzen, als sich von Gott infrage stellen zu lassen.

Jesus stellt mich infrage. Ich kann mir seine Worte nicht zurechtbiegen. Natürlich weiß ich, dass die Kirche die Worte Jesu oft missbraucht hat, um sich Menschen gefügig zu machen. Auch die Kirche muss sich immer wieder neu dem Wort Jesu stellen. Jesus stellt auch die Kirche kritisch infrage. Aber für mich ist Jesus der, der mich dazu herausfordert, in seinem Verhalten und seinen Worten nach dem unbekannten Gott zu suchen – nach dem Gott, der sehr konkret in mein Leben hineinspricht und mich herausfordert, umzukehren und umzudenken.

WUNIBALD MÜLLER: Darin kommt ganz klar auch für mich die große Bedeutung Jesu als Inkarnation Gottes zum Ausdruck. Jesus weist uns darauf hin, dass es nicht nur ein innerer Vorgang ist, in die Beziehung zu Gott zu treten, sondern Konsequenzen mit sich bringt. »In seinem aufgerissenen Leib am Kreuz sehen wir, wie Gott ist, dass er sich bis zu diesem Punkt für uns verausgabt ... Er hat sich auf die Seite der Unschuldigen und Leidenden gestellt – und möchte auch uns dort sehen«, sagte Joseph Ratzinger (2006).

Da lässt sich nichts herumdeuten. In aller Radikalität und Schärfe wird deutlich, was das Erkennungszeichen, was die Strahlkraft des Christen, der sich als Anhänger Jesu bekennt, ausmacht beziehungsweise ausmachen sollte: sich aufbrechen zu lassen für die Welt, für die Mitmenschen. Jesus hat es uns selbst vorgemacht. Jesus, in dem Gott menschliche Gestalt angenommen hat.

Von einem anonymen, allgemeinen und unermesslichen Gott kann eine solche Dynamik nicht ausgehen. Dazu »bedarf« es eines personalen Gottes, der die Liebe ist und in Jesus als Liebe zur Welt jene Dynamik entfaltet, die alles neu macht. »Seht, ich mache alles neu!« (Offb 21,5).

ANSELM GRÜN: Auch für mich ist Jesus sehr konkret. Er hindert uns daran, uns in unserer Spiritualität über andere zu stellen oder Spiritualität dazu zu missbrauchen, uns als etwas Besonderes zu fühlen, als Menschen, die viel bewusster leben als alle anderen. Diese Gefährdung von Spiritualität gab es zur Zeit Jesu bei den Pharisäern. Sie gibt es heute genauso. Spiritualität wird missbraucht, um sich selbst interessant zu machen und auf andere herabzusehen.

Gegen diese Gefahr hat Jesus für mich ein höchst anstö-
ßiges Wort gesagt:»Wenn ihr alles getan habt, was euch be-
fohlen wurde, sollt ihr sagen: Wir sind unnütze Sklaven; wir
haben nur unsere Schuldigkeit getan« (Lk 17,10). Spiritualität heißt, das zu tun, was ich mir selbst, was ich dem anderen,
was ich dem Augenblick, was ich Gott schuldig bin. Das zu
tun, was gerade dran ist. Das Alltägliche tun. Das Gewöhnliche tun. Die Chinesen wussten von dieser Spiritualität, wenn
sie sagen: Tao ist das Gewöhnliche, das Alltägliche. Im konkreten Alltag zeigt sich, ob ich ein spiritueller Mensch bin
oder nicht.

WUNIBALD MÜLLER: Das ist ein weiteres Beispiel dafür,
wie sehr die Konkretisierung Gottes in der Person Jesus
Gott konkreter macht. Gott wird Wirklichkeit und ist Wirklichkeit in unserer Welt, und das hat Konsequenzen. Das gilt
auch für jene, die anscheinend besonders viel von Gott wissen oder zu wissen meinen – ob wir beide da wohl auch
dazugehören? Sie oder wir sind gut beraten, auf dem Boden
zu bleiben und sich oder uns nicht aufzublähen, plötzlich zu
glauben, mehr über Gott zu wissen, ihm näher zu sein und
daraus Privilegien für sich oder uns abzuleiten.
    Etwas anderes ist es für mich, bewusst Christ zu sein.
Wenn ich sage:»Ich bin Christ«, dann klingt das zunächst
so selbstverständlich. Das gehört einfach zu mir. Das ist
immer schon so gewesen. Diese Aussage erhält aber etwas
Frisches, etwas Neues, wenn ich von innen heraus, selbstbewusst – nicht arrogant – und fast froh sage:»Ich bin
Christ.« Und dabei an den denke, von dem ich diesen Namen habe, Jesus, dem Christus. Ich bin nach ihm benannt.

Nach *ihm!* Nach ihm bin ich gerne benannt. Das ist ein Privileg, eine Ehre. *Sein* Anhänger bin ich gerne. Für mich heißt das, mein ganzes Leben, meinen Alltag immer wieder in Verbindung mit dem Gott Jesu Christi zu sehen, wie er mir durch das Alte und das Neue Testament vermittelt worden ist.

Jesus lässt sich nicht vereinnahmen

ANSELM GRÜN: Ja, ich bin gerne Christ. Allerdings tue ich mich damit manchmal schwer, wenn manche von sich sagen: »Ich bin ein entschiedener Christ. Ich habe mich ganz und gar für Jesus Christus entschieden.« Ich spüre in mir immer beides. Ich bin Christ und will Christ sein. Aber ich spüre in mir auch Bereiche, die noch nicht christlich sind, die noch nicht getauft sind. Sie will ich in die Begegnung mit Jesus bringen.

Aber ich darf mich als entschiedener Christ nicht über die anderen Christen stellen, denen ich das Entschiedensein abspreche. Für mich ist Jesus eine ständige Herausforderung, ihm nachzufolgen und mich seinen Worten zu stellen. Damit werde ich nie fertig sein. Ich werde mich nie bequem zurücklehnen können und sagen: »Ich bin ganz und gar Christ.« Ich bescheide mich mit der Aussage: »Ich will Christ sein. Ich bemühe mich, mit aller Kraft Jesus nachzufolgen.«

WUNIBALD MÜLLER: Wenn du von entschiedenen Christen sprichst, so stört mich an ihnen auch die Selbstverständlichkeit, mit der sie sich auf Gott berufen. Da halte ich es mit Hans Küng (1978, S. 765), der schreibt:»Weil Jesus der zu Gott Aufgenommene ist, ist er im Geist der Lebendige, der Maßgebende für den einzelnen Christen ebenso wie für die kirchliche Gemeinschaft. Von diesem konkreten Maßstab her kann ich auch die Geister prüfen und scheiden: Keine Hierarchie und auch keine Theologie und auch kein Schwärmertum, die sich über Jesus hinweg, über sein Wort, sein Verhalten und Geschick hinweg auf den ›Heiligen Geist‹ berufen wollen, können sich auf den Geist Jesu Christi berufen.«

Das kann zu einer großen Herausforderung werden und ist es schon geworden, für den Einzelnen, aber auch für Kirchen und religiöse Gruppierungen, kirchliche Oberen und spirituelle Führer, die für sich in Anspruch nehmen, direkt von Gott instruiert worden zu sein. Ein Blick auf Jesu Wort und Verhalten macht deutlich, dass das, was sie sagen oder verlangen, damit nicht in Einklang zu bringen ist.

ANSELM GRÜN: Jesus lässt sich nicht vereinnahmen. Was mich an ihm so fasziniert, ist seine absolute Präsenz. Dort, wo er auftritt, müssen die Menschen Stellung beziehen. Keiner kann sich an seinen Worten und an seinem Verhalten herumdrücken. Jesus lässt ihn nicht in Ruhe. Er zwingt mich, die Augen zu öffnen und meine eigene Wahrheit anzusehen. Und er zwingt mich, immer wieder neu nach dem ganz anderen Gott Ausschau zu halten, der sich nicht in meine Vorstellungen von Gott hineinzwängen lässt, der in den paradoxen Aussagen Jesu immer wieder anders erscheint, als der barmherzige Vater, als der mütterliche Gott, aber auch als der Gott, der mich in die Wahrheit führt, der mich herausfordert, mein Ego zu lassen und mich der unbegreiflichen Liebe Gottes zu überlassen.

Jesus als Freund

WUNIBALD MÜLLER: Ich kann verstehen, dass manche oder vielleicht inzwischen auch viele Menschen Jesus zwar eine große Bedeutung zusprechen, aber an ihre Grenzen kommen, ihn auch als Gottes Sohn zu betrachten. Das ist ja auch nicht leicht zu verstehen. Ich kann mich gut Gott hinhalten, ihm alles überantworten, mich von dem Gefühl, von ihm berührt zu sein, ergreifen lassen. Es gibt Augenblicke, da ahne ich, dass Gott in mir wohnt. Auch kann ich in eine persönliche, direkte Beziehung zu Gott treten. Mit Jesus, der auf Erden gelebt hat, fällt mir das schwerer. Da ist er für mich mein Freund, mein Bruder, mein Begleiter. Inzwischen geht das besser. Dabei hat mir der inzwischen verstorbene geistliche Schriftsteller Henri Nouwen geholfen. Für ihn war Jesus ein Freund. Für seine persönliche Spiritualität war Jesus die Mitte, das Herz.

Ich erinnere mich an eine Eucharistiefeier mit Henri Nouwen im Jahr 1986 in einer kleinen Gruppe. Du warst damals auch dabei. Die offene und intime Art, in der Henri über und mit Jesus sprach, half mir, meine Zurückhaltung,

Jesus in der gleichen Weise anzusprechen und zu ihm zu beten, wie ich es mit Gott gut tun kann, aufzugeben. Der Glaube daran, dass Jesus von Gott nicht zu trennen ist, dass ich, wenn ich zu Jesus bete, zu Gott bete, hilft mir, sodass ich mir jetzt keine großen Gedanken mehr darüber machen muss. Ist es doch in jedem Fall Gott, an den ich mich wende und zu dem ich bete.

GOTT UND DER HEILIGE GEIST

»Hauche deinen Atem ganz in mich ein«

WUNIBALD MÜLLER: »Atme in mir, du Heiliger Geist«, schreibt der heilige Augustinus. Von dem Mystiker Wilhelm von Saint-Thierry (1993, S. 66), der im zwölften Jahrhundert lebte, stammt die Aussage: »Die sich zärtlich küssen, hauchen sich gegenseitig ihren Atem ein. Es ist ein Duft, von dem sie sich wunderbar durchdrungen fühlen. Nimm, Herr, meinen Hauch ganz in dich auf … und hauche deinen Atem ganz in mich ein – er ist ja ganz von deinem Duft erfüllt –, damit mein Atem, von deinem Wohlgeruch durchdrungen, nicht mehr schlecht riecht. Dein süßer Duft, o Süßester, soll künftig allezeit in mir verbleiben!«

Gibt es eine schönere und zugleich sinnlichere Beschreibung für den Heiligen Geist und sein Wirken? Der Heilige Geist als Liebhaber des Menschen, der dem Menschen seinen heiligen Atem einhaucht.

ANSELM GRÜN: Die Beschreibung des Heiligen Geistes durch Wilhelm von Saint-Thierry zeigt sehr konkret, wie die Christen des Mittelalters den Heiligen Geist erfahren haben. Sie haben ihn vor allem im Atem erfahren. Sie haben ihn als Liebe erfahren. Rumi, der persische Dichter, sprach einmal vom Atem als dem Liebesduft Gottes. Wenn ich mir vorstelle, dass im Atem der Liebesduft Gottes mich durchdringt, dann bekommt mein Atem einen anderen Geruch, dann bekommt mein ganzer Leib einen anderen Geschmack. Ich schmecke mich anders. Ich fühle mich von Liebe durchdrungen. Dieser Liebesduft Gottes ist für uns Christen der Heilige Geist.

Auch wenn er uns manchmal so abstrakt erscheint, so ist er erfahrbar. Wir müssen den Atem, den wir in jedem Augenblick üben, nur unter dem wunderbaren Bild des Atems Gottes, des Liebesduftes Gottes vollziehen. Dann spüren wir den Heiligen Geist in uns. Dann entsteht in uns ein süßer Geruch. Die Mystikerinnen des Mittelalters sprechen von der *dulcedo dei,* von der »Süßigkeit Gottes«, die im Atem des Heiligen Geistes erfahrbar wird.

WUNIBALD MÜLLER: Dein inzwischen verstorbener Mitbruder Rudolf erzählte mir einmal, dass er sich beim Einatmen oft vorstellte, den Heiligen Geist einzuatmen. Für mich ist der Heilige Geist auf vielfältige Weise spürbar, vor allem als Liebe Gottes. Er ist »der Geist der Gnade, der unverdienbaren Gnade, das unberechenbare Wunder der Liebe Gottes« (Rahner 1990, S. 314). In den Sakramenten der Kirche, in unseren Gebeten kommen wir in Berührung mit dem Heiligen Geist. Aber auch in alltäglichen Erfahrungen können wir, wenn wir offen dafür sind, sein Wirken ausmachen. C. G. Jung verweist darauf, dass wir oft eine große Scheu davor haben, in alltäglichen Dingen oder auch in unseren Träumen das Wirken des Heiligen Geistes zu spüren. Wenn starke Erfahrungen geweckt werden, die auf die Anwesenheit oder das Wirken des Heiligen Geistes hinweisen könnten, sind wir skeptisch.

Eine kritische Haltung gegenüber Phänomenen, die mit unserer nüchternen Einstellung zur Welt nicht leicht in Einklang zu bringen sind, sollte aber nicht dazu führen, solche starken Erfahrungen gänzlich unbeachtet zu lassen. Wir versagen uns damit auch eine Erfahrungsweise, die eine große Bereicherung für unser Leben darstellen kann. Wenn ich meine, in therapeutischen Gesprächen solche starken Erfahrungen, etwa in den Träumen, zu entdecken, dann mache ich darauf aufmerksam und ermutige dazu, den Traum auch im Lichte dieser Erkenntnis und Erfahrung zu deuten und auf sich wirken zu lassen.

ANSELM GRÜN: Karl Rahner hat in einer Meditation einmal beschrieben, wie der Heilige Geist mitten in den alltäglichen Erfahrungen unseres Lebens am Werk ist. Der Heilige Geist wirkt in uns, wenn wir versuchen, Gott zu lieben, »dort, wo keine Welle einer gefühlvollen Begeisterung einen mehr trägt, wo man sich und seinen Lebensdrang nicht mehr mit Gott verwechseln kann, dort wo man meint zu sterben an solcher Liebe« (Rahner, Schriften zur Theologie Bd. 3, 1957, S. 106). Überall dort, wo wir unser natürliches Empfinden übersteigen, ist der Heilige Geist am Werk und gibt unserem Leben einen neuen Geschmack.

In uns ist eine Quelle des
Heiligen Geistes

WUNIBALD MÜLLER: Ich verbinde mit dem Heiligen Geist auch eine besondere Kraft, die mir aus meiner Tiefe heraus zuwächst. Diese Kraft ist stärker als alle anderen Kräfte, die ich kenne. Manchmal spüre ich diese Kraft zu Beginn eines Tages besonders stark. Als Triebfeder, die mich in den Tag hineingehen lässt. Ich bin dann in Berührung mit der Kraft, erfahre sie als eine Lebensquelle. Im Getriebe des Alltags, in den täglichen Konflikten und Auseinandersetzungen übernehmen sehr bald wieder andere Kräfte die Führung. Doch diese Kraft, damit darf ich rechnen, wird mir immer wieder geschenkt. Manchmal genügt die reinigende Kraft der Nacht und der Träume, um den Zugang zu ihr freizulegen. Ein anderes Mal kann eine Meditation dazu beitragen, wieder mit ihr in Berührung zu kommen. Auch in meiner Sehnsucht nach Gott spüre ich diese Kraft als treibende Kraft.

Es ist jedenfalls eine Kraft, die konkret in meinem Leben erfahrbar ist und in mein Leben hineinwirkt, sodass ich mit Karl Rahner (1990, S. 308f.) sagen kann:»Der Heilige Geist des ewigen Gottes ist gekommen, er ist da, er lebt in uns, er heiligt uns, er stärkt uns, er tröstet uns, er ist das Unterpfand des ewigen Lebens, das Angeld des grenzenlosen Sieges.«

ANSELM GRÜN: Für mich ist ein wichtiger Weg, mich von Gottes Kraft erfüllen zu lassen, die Meditation biblischer Worte. Wenn mich in der Klosterverwaltung nichts als Probleme zudecken und ich mich am liebsten auf mich selbst zurückziehen möchte, dann hilft mir folgender Psalm-vers: »Mit dir erstürme ich Wälle. Mit meinem Gott über-springe ich Mauern« (Ps 18,30). Ich lasse diesen Vers in mein Herz fallen. Dann bringt mich das Wort der Schrift in Be-rührung mit der Kraft, die auf dem Grund meiner Seele schlummert. Ich bin oft zu sehr auf meine Ohnmacht fixiert. Ich habe das Gefühl, alles sei zu viel, alles wächst mir über den Kopf.

Die Meditation des biblischen Wortes zeigt mir, dass auf dem Grund meines Herzens auch eine Quelle der Kraft zu finden ist. Diese Kraft will geweckt werden, damit sie mir bewusst wird, damit sie in meinen Leib und in meine Seele dringen und mich stärken kann.

WUNIBALD MÜLLER: Wenn wir uns von dieser Kraft leiten lassen, dann sind das die Momente in unserem Leben, in denen wir ganz von innen heraus leben, in denen wir uns ganz von der Kraft, die von innen kommt, bestimmen lassen. Diese Kraft entströmt unserer göttlichen Quelle. Von dort-her bekommt sie, was sie zu der Kraft macht, die unser Le-ben bestimmt. Das aber macht sie zu einer Kraft, die von anderer Art ist als alle anderen Kräfte, die außen ihre Ener-giequelle haben. Die Kraft, die wir aus unserem Innersten kommend in uns spüren, ist die Kraft, die Gott in unserer Seele geweckt hat, und in der er selbst uns im Innersten unserer Seele begegnet. Wir dürfen seine Anwesenheit in uns als leises Singen unserer Seele erfahren.

ANSELM GRÜN: Die christliche Tradition bringt diese Quelle der Kraft mit dem Heiligen Geist in Berührung. In mir ist eine Quelle des Heiligen Geistes. Der Heilige Geist stärkt mich und schenkt mir Kraft. Ich bin nicht nur auf meine eigene Kraft angewiesen, auf die Kraft meines Willens oder meines Verstandes. Wenn ich mich kraftlos fühle, dann kann ich mit dem wunderbaren Pfingsthymnus des heiligen Rhabanus Maurus beten: *Infirma nostri corporis virtute firmans perpeti* – »Was gebrechlich ist in unserem Leib, stärke mit deiner ewigen Kraft«.

Die Kraft, die uns der Heilige Geist schenkt, ist eine körperliche und seelische Kraft. Aber sie kommt aus einer anderen Welt, aus der ewigen Welt. Es ist eine Kraft, die nicht versiegt, wenn wir uns angestrengt haben. Sie schöpft aus der ewigen Quelle Gottes. *Virtus* heißt aus dem Lateinischen übersetzt nicht nur »die Kraft«, sondern bezeichnet auch die Tugend, die der Mensch braucht, damit sein Leben taugt. So erfüllt der Heilige Geist nicht nur unseren Leib, sondern auch unsere Seele mit neuer Kraft, mit den Tugenden, die uns geschenkt werden, die wir aber zugleich auch einüben müssen, damit sie in uns wirksam werden.

Der Heilige Geist wirkt im Eros

WUNIBALD MÜLLER: Pierre Teilhard de Chardin sagt, dass das, »was ich an Kraft und Wärme haben kann, nicht ich bin, sondern tiefer ist als ich und eben deshalb umso aktiver, als ich mich persönlich wehrloser und zerbrechlicher fühle«. Pierre Teilhard de Chardin bezieht sich dabei auf den heiligen Paulus, der in dieser Kraft Gott selbst sieht, der in ihm lebt.

Diese Kraft, hinter der oder in der sogar Gott selbst steckt, verbinde ich auch mit Eros, den der protestantische Theologe Paul Tillich, mit dem du dich ja auch viel beschäftigt hast, als eine göttlich-menschliche Kraft sieht. Weiter meint er, dass man Eros und Agape als die selbstlose Liebe nicht auseinanderdividieren dürfe, da beide sich gegenseitig brauchen. Das geht so weit, dass das Hauptgebot der Bibel, Gott, die Menschen und dich selbst aus ganzem Herzen und mit all deinem Gemüt zu lieben, ohne die Mitwirkung des Eros nicht möglich ist.

Auch Papst Benedikt XVI. spricht in seiner Enzyklika *Gott ist die Liebe* über Gottes Liebe in einer Weise von Eros, die erkennen lässt, dass hinter dem Eros eine göttliche Kraft stecken kann. So schreibt er: »... diese, seine Liebe kann man durchaus als Eros bezeichnen, der freilich zugleich ganz Agape ist.« Das aber kennzeichnet den Heiligen Geist. Er ist Eros und Agape zugleich. Er ist die Kraft, die uns mit Leben erfüllt, die uns hineinfeuert in das Leben. Von dorther erhalten wir den Schwung, den es braucht, um überhaupt leben zu können und dann auch das Leben zu bestehen. Es ist die göttliche Kraft, die uns da anfeuert, göttliche Energie, die uns zur Verfügung gestellt wird.

In dieser Kraft wirkt Gott, der Heilige Geist. Diese Kraft führt uns durchs Leben und schließlich, wenn wir uns ihrer Führung überlassen, zur Vollendung. Dorthin, wo uns Eros als Kraft des Heiligen Geistes hinführen will. »Eros will uns zum Göttlichen hinreißen, uns über uns hinausführen«, schreibt Papst Benedikt XVI. in seiner Enzyklika. Unterstellen wir unsere Eros-Kraft nicht der Führung des Heiligen Geistes, so laufen wir Gefahr, uns zu verrennen und abzustürzen.

ANSELM GRÜN: Der Heilige Geist ist auch für mich vom Wesen her Liebe. Das sagt ja auch Paulus, wenn er an die Römer schreibt: »Die Liebe Gottes ist ausgegossen in unsere Herzen durch den Heiligen Geist, der uns gegeben ist« (Röm 5,5). Paulus spricht hier von Agape, von der Liebe als einem göttlichen Geschenk. Aber diese Agape schließt immer auch den Eros, die begehrliche Liebe, und die Philia, die Freundesliebe, in sich ein. Sonst wird sie langweilig und farblos.

Das Wesen der Agape ist eben, dass sie letztlich göttlich ist. Paulus versteht sie als Gnadengabe des Heiligen Geistes. Er bezieht sich in seinem Hohen Lied auf die Liebe (in 1 Korinther 13) auf einen Text bei Platon, der den Eros als eine Macht beschreibt, die uns gegeben ist. Sie wirkt in uns. Nicht wir müssen Liebe üben. Die Liebe ist vielmehr in uns. Wir sollen sie nur in alles, was wir tun, hineinfließen lassen.

WUNIBALD MÜLLER: Vielleicht kann man auch sagen, dass der Heilige Geist sich immer wieder des Eros bedient, um für uns Menschen erfahrbar zu werden, in uns Liebe und Begeisterung zu entzünden, uns zur Nächstenliebe und in die Hingabe zu führen. Erlischt dieses Feuer, so erlischt unsere Lebenskraft, schwinden uns die Kräfte, geht uns die Fantasie aus, verlassen uns Begeisterung und Leidenschaft, gehen wir nur stumpf und interesselos durchs Leben.

Entzündet vom Feuer des Heiligen Geistes stürzen wir uns ins Leben und hinterlassen überall die Spuren als Ausdruck unserer vom Heiligen Geist angefeuerten Sehnsucht: in einem Kunstwerk, einem innigen Lied, in der Hingabe an Menschen und an Gott, im Engagement für eine Sache.

Dieses Feuer des Heiligen Geistes spüre ich bei Menschen wie Henri Nouwen, Oskar Romero oder Pierre Teilhard de Chardin (in: Schiwy 2005, S. 179), der schreibt: »Wer vom göttlichen Bereich leidenschaftlich gepackt ist, kann um sich keine Dunkelheit, keine Lauheit, keine Leere in dem ertragen, was von Gott erfüllt sein und von Gott schwingen sollte. Wenn er an die unzähligen Seelen denkt, die in der Einheit derselben Welt mit ihm verbunden sind und um die herum das Feuer der göttlichen Gegenwart noch ungenügend brennt, so fühlt er sich gleichsam erstarrt.« Wie siehst du das?

ANSELM GRÜN: Im Lukasevangelium wird der Heilige Geist als Feuer und Glut beschrieben: »Ich bin gekommen, um Feuer auf die Erde zu werfen. Wie froh wäre ich, es würde schon brennen« (Lk 12,49). Henri Nouwen hat ja das schöne Bild gebraucht, dass viele Seelsorger ausgebrannt sind, weil sie ständig die Tür ihres Ofens offen haben. Er versteht geistliches Leben als Hüten der inneren Glut. Er beschreibt seinen Landsmann Vincent van Gogh, mit dem er sich innerlich sehr verbunden fühlte, als einen, der sein Leben lang das Feuer in seinem Ofen gehütet hat. Die Wärme des Heiligen Geistes ist in seine Bilder hineingeströmt.

Damals, so meint Henri Nouwen, nahm sich keiner die Zeit, sich am Ofen van Goghs zu wärmen. Aber heute setzen sich viele Menschen stundenlang vor seine Bilder, um die Glut, die in diesen Bildern steckt, zu erfahren und sich daran zu wärmen. Geistliches Leben heißt für mich, die Glut des Heiligen Geistes in mir zu hüten. Dann wird diese Glut alles, was ich tue, prägen. Meine Sprache wird eine wärmende Sprache. Sie baut ein Haus, in dem sich Menschen wohlfühlen.

Heute sprechen viele – nicht nur in der Wirtschaft, sondern auch in der Kirche – eine kalte Sprache. Vor ihr schützen sich die Menschen, indem sie sich verschließen. Wir sehnen uns auch heute nach Menschen, in denen die Glut des Heiligen Geistes spürbar wird. In dieser kalten Welt brauchen wir Menschen, in denen die Glut des Heiligen Geistes brennt. An ihnen möchten wir uns wärmen.

»Entflammt von Liebessehnen«

WUNIBALD MÜLLER: Manchmal spüren wir die Anwesenheit und das Wirken des Heiligen Geistes besonders stark. Etwa im unsterblichen Verlieben. Jene Erfahrung, bei der wir unter einem Bann stehen, etwas in uns hineinfährt, uns überwältigt. Wo sonst noch vermag eine andere Kraft uns so urkräftig in Beschlag zu nehmen? Für mich ist das eine Erfahrung, bei der der Heilige Geist pur wirkt und waltet.

»Entflammt von Liebessehnen«, schreibt Johannes vom Kreuz in seinem Liebesgedicht über die dunkle Nacht des Geistes, der Sinne und der Seele. Es ist der Heilige Geist selbst, der das Feuer in uns entflammt, das uns am Leben erhält. Das Feuer, das unser Leben erhellt. Das Feuer, das in uns ein »unsterbliches Sehnen« erzeugt. Oder denken wir an die Erfahrung des *tremendum et fascinosum*, des »heiligen Erschreckens und Erschauerns«. Da spüren, erfahren wir regelrecht die Anwesenheit des Heiligen Geistes. Da durchfährt er uns. Da bricht für Momente der Himmel in uns ein.

Für mich steckt dahinter neben dem menschlichen Verlangen nach Einswerdung und Verschmelzung die tiefe Sehnsucht, Gott zu schauen, eins mit ihm zu werden. Eine Sehnsucht, die zu Lebzeiten nicht erfüllt wird, die uns aber, gerade auch weil sie unerfüllt bleibt, immer wieder anstachelt, weiterzugehen, nicht aufzugeben. Denn unruhig ist und bleibt unser Herz, bis es ruhet in Gott.

ANSELM GRÜN: Ich erlebe viele Menschen, die todunglücklich sind, wenn sie sich verlieben, ihre Liebe aber nicht erwidert wird. Wenn wir aber das Verliebtsein als Entflammtsein durch den Heiligen Geist verstehen, dann führt uns das Verliebtsein, das alle unsere Emotionen durcheinanderbringt, letztlich in den Grund der Seele, in dem die Glut des Heiligen Geistes in uns brennt. Das Verliebtsein bringt uns in Berührung mit dieser inneren Glut, lässt uns diese Glut auch emotional erleben.

Aber es ist unsere Aufgabe, von den Emotionen immer wieder auf den Grund der Seele hinunterzusteigen. Die Glut der Liebe, die da im Heiligen Geist in uns brennt, kann uns niemand nehmen. Sie wird auch nicht zerstört, wenn unser Verliebtsein vom anderen nicht erwidert wird, sondern nur ein eigenes Gefühl bleibt. Dieses Gefühl kann ich genießen, weil es mich an die Glut der Liebe führt, die durch das Gefühl neu angefacht wird, um meinen ganzen

Leib und meine ganze Seele zu durchdringen und zu wärmen.

WUNIBALD MÜLLER: So tragen wir zu unserer Ganzheit, zu unserer Heiligkeit bei, wenn wir Eros in unserem Leben zulassen. Wir werden dadurch präsenter und kommen dem uns zugesagten Leben in Fülle näher. »Die Ehre Gottes ist der lebendige Mensch«, meinte Irenäus von Lyon. Der Mensch aber lebt und nährt sich auch von Eros, der seine Sehnsucht nach Gott anstachelt und anfeuert. Aufgabe von Spiritualität ist es, diese Sehnsucht, Eros zu gestalten, sie fruchtbar zu machen für unsere Heiligkeit und sie nicht zu unterdrücken. Ist es doch Gott selbst, der in unserem Eros durch das, was er in uns auslöst, zu uns spricht und wirkt. Gott will nicht, dass wir ihn stoppen, sondern dass wir uns davon überraschen lassen für unser Leben hier, heute und jetzt. Um in Fülle zu leben und aus dieser Fülle heraus uns zu verschwenden für andere.

Dabei kann ich den Heiligen Geist natürlich nicht mit Eros gleichsetzen. Ich kann aber im Eros eine mögliche Dynamik des Heiligen Geistes sehen, ohne jetzt den Heiligen Geist darauf zu beschränken, weil er natürlich viel mehr ist und auf diese Erfahrungsmomente nicht reduziert werden kann und darf. Wenn ich offen dafür bin, wird der Heilige Geist für mich konkret erfahrbar.

ANSELM GRÜN: Der Heilige Geist darf sicher nicht mit dem Eros gleichgesetzt werden. Er wirkt im Eros. Aber er wirkt auch in der Alltäglichkeit meines Lebens. Die geistliche Tradition hat ja verschiedene Bilder vom Heiligen Geist beschrieben. Der Heilige Geist ist der Atem, der uns durchdringt. Er ist der Sturm, der uns durchweht, der uns begeistert, aber auch alles Verstaubte aus uns herausweht. Er ist die Quelle, die in mir sprudelt, mich erfrischt und stärkt. Und er ist die Glut, die mich wärmt und mit Liebe erfüllt. Schließlich ist er die Kraft, die mich antreibt, wenn ich mich kraftlos fühle.

Jesus nennt den Heiligen Geist oft den Beistand, der bei uns ist, zu uns steht und uns beisteht, wenn wir angegriffen werden. All das sind nur Bilder, die das geheimnisvolle Wirken des Heiligen Geistes beschreiben. Und – so sagt die Dogmatik – der Heilige Geist ist Gott. In ihm berührt mich Gott. Der Heilige Geist ist der erfahrbare Gott, der Gott, der in meine menschliche Erfahrung hineinwirkt.

Der Heilige Geist lässt sich von niemandem vereinnahmen

WUNIBALD MÜLLER: In solchen menschlichen Erfahrungen spüre ich den Heiligen Geist, da macht er etwas mit mir. Ich spreche dann nicht nur über den Heiligen Geist. Er belebt mich, wirkt direkt in mein Leben hinein. Er erfüllt mich. Ich kann dann in den Eröffnungsgesang des Pfingstfestes einstimmen: *Der Geist des Herrn erfüllt den Erdkreis.* Der Geist des Herrn erfüllt alles in mir und um mich herum. »In ihm leben wir, bewegen wir uns und sind wir« (Apg 17,28).

Dabei weiß ich sehr wohl, dass der Heilige Geist letztlich unsagbar bleibt. Ich weiß, dass alles, was ich von ihm sage, ein Stammeln bleibt, das allenfalls im Rahmen meiner menschlichen Möglichkeiten eine vage Andeutung von etwas darstellt, was unsagbar bleibt. Das ist ja auch gut so. Es schafft Spannung, lässt uns in Bewegung bleiben, treibt uns an. Wir wollen es wissen, wollen es erfahren, wollen den Göttern gleich werden. Daher sind wir gut beraten, uns vor allem auch dann zurückzuhalten, wenn es darum geht, zu entscheiden, ob etwas von Gott kommt oder nicht. Das gilt für mich in besonderer Weise, wenn jemand für sich beansprucht, das, was er sage, gehe auf den Heiligen Geist zurück. Darüber haben wir ja schon im Zusammenhang mit den entschiedenen Christen gesprochen.

Meine Erfahrungen in der Psychotherapie haben mir gezeigt, dass manche Personen, die sich charismatisch ausgerichteten Gruppen angeschlossen haben, ihr mitunter sehr intolerantes und lebensverneinendes Verhalten spirituell verbrämen. Dahinter versteckt sich in Wirklichkeit ein kaum zu knackender Widerstand. Das kann so weit gehen, dass die Betreffenden therapieresistent sind. Hier wird nach meiner Einschätzung die eigene, mitunter recht eigenwillige und problematische Ideologie »verspiritualisiert«. Von einem Wirken des Heiligen Geistes ist wenig, sprich nichts zu spüren.

»An den Heiligen Geist, den Geist Jesu Christi zu glauben, heißt wissen, dass der Geist nie meine eigene Möglichkeit ist, sondern immer Kraft, Macht, Geschenk Gottes«, sagte einmal Hans Küng (1978, S. 762). Das dürfen wir nie vergessen. Charismatische Gruppen nicht, aber auch die

Kirchen nicht. Und natürlich auch jeder Einzelne für sich zunächst nicht.

ANSELM GRÜN: Ich bin auch immer skeptisch, wenn einer genau zu wissen meint, was der Heilige Geist ihm sagt. Manche geistlichen Begleiter nehmen für sich in Anspruch, dass sie erkennen, was der Heilige Geist ihren Klienten sagt. Da ist die Gefahr des geistlichen Missbrauchs sehr groß. Der Heilige Geist ist als Gott immer auch unverfügbar. Ich kann nicht über ihn bestimmen. Ich besitze ihn nicht. Er weht in mir.

Jesus sagt von diesem Geist: »Der Wind weht, wo er will; du hörst sein Brausen, weißt aber nicht, woher er kommt und wohin er geht« (Joh 3,8). Wir spüren das Wirken des Heiligen Geistes oft in uns und im anderen. Aber wir müssen sehr vorsichtig sein, das Wirken des göttlichen Geistes durch unsere Deutung festzulegen. Wir müssen in das Rauschen des Heiligen Geistes hineinhorchen, um zu erahnen, was er uns sagen möchte. Es braucht Sensibilität und Demut, um auf den Geist Gottes zu hören, aber keineswegs Selbstsicherheit und Überheblichkeit. Sonst benutzen wir den Heiligen Geist, um uns über andere zu stellen und über sie Macht auszuüben.

WUNIBALD MÜLLER: »Der Wind weht, wo er will.« Daraus erwächst eine Dynamik, die unser ganzes Sein radikal in Beschlag nimmt, uns total »umkrempelt«. Die Dynamik des Heiligen Geistes macht, wenn wir sie zulassen, vor nichts halt – mag es nach außen hin noch so sehr als religiös, kirchlich oder spirituell bezeichnet oder gesehen werden.

Manchmal habe ich den Eindruck, dass wir diese Dynamik des Heiligen Geistes nicht zum Zuge kommen lassen, sie ständig ausbremsen, weil wir vor den radikalen Konsequenzen, die sich daraus ergeben, Angst haben. Diese Dynamik versinkt dann in unserer eigenen Tiefe, wenn wir zum Beispiel vor lauter »Sitzen« und »Üben« vergessen, dass nach der Erleuchtung die Dreckwäsche auf uns wartet. Oder wir schmoren so sehr im eigenen kirchlichen Saft, dass die Dynamik des Heiligen Geistes in unseren eigenen vier – katholischen, protestantischen und so weiter – Wänden verpufft und sich nicht in unserem alltäglichen Tun, Leben und Zusammenleben niederschlägt.

Der Heilige Geist ist für mich auch so etwas wie die Klammer zwischen Himmel und Erde. Er stellt den Übergang zwischen Himmel und Erde dar, macht diesen Übergang fließend. Dabei hilft er uns auch, die richtige Balance zwischen Himmel und Erde zu finden. Denn manche Menschen – und das bringt sie in seelische Not – tun so, als würden sie jetzt schon im Himmel wohnen. Andere wiederum distanzieren sich ganz bewusst von der Vorstellung, jetzt schon in diesem Leben Teil eines Größeren zu sein.

Dabei geht es darum, die richtige Balance zu finden. Ganz im Unermesslichen, im Geistlichen aufzugehen, mag besonderen Momenten vorbehalten sein. Doch solange wir auf Erden leben, Teil der irdischen Wirklichkeit und der Gesellschaft sind, darf das Unermessliche nicht ganz von uns Besitz ergreifen. Wir bleiben ganz Mensch, so wie Jesus ganz Mensch war.

Eines Tages, wenn wir ganz in das Unermessliche übergegangen sind, von Gottes Armen aufgefangen werden,

werden wir, so vermute ich, nicht gefragt, wie lange wir beim Meditieren und in der Kontemplation »gesessen« haben, um Gott in der Tiefe zu begegnen. Auch werden wir vermutlich nicht danach gefragt werden, ob wir die Nackten bekleidet, die Kranken besucht haben, den Unterdrückten solidarisch zur Seite gestanden sind. Allein, wer sich zu Lebzeiten der Dynamik des Heiligen Geistes überlassen hat, wird sich um beides bemüht haben.

Der dreifaltige Gott

Gott zeigt sich uns in drei verschiedenen Gesichtern

WUNIBALD MÜLLER: Nachdem wir über Jesus und den Heiligen Geist gesprochen haben, sollten wir uns noch dem Thema Gott und die Dreifaltigkeit zuwenden. Der ehemalige Bundeskanzler Helmut Schmidt sagte einmal sinngemäß, dass er nie richtig verstanden habe, um was es dabei eigentlich gehe. Ich bin mir sicher, dass es vielen anderen genauso geht. Hier ist sicher nicht der Ort für ausführliche dogmatische Erörterungen zu diesem Thema. Aber wir sollten es wagen, wenigstens ein paar Ausführungen dazu zu machen.

ANSELM GRÜN: Juden und Muslime werfen uns vor, wir hätten den Glauben an den einen Gott verraten und hätten daraus drei Götter gemacht. Das stimmt natürlich so nicht. Trotzdem ist es nicht einfach, Juden wie Muslimen, ja auch den Christen selbst zu erklären, was wir unter dem dreifaltigen Gott verstehen. Alle theologischen Diskussionen, die die Kirchenväter vor allem in den ersten vier Jahrhunderten darüber geführt haben, möchte ich hier nicht wiederholen.

Sie würden vielen unverständlich bleiben. So kann ich nur erläutern, wie ich das Geheimnis des einen Gottes in drei Personen verstehe. Wichtig ist mir, dass wir Christen nur an einen einzigen Gott glauben. Wir sind also nicht Polytheisten, sondern Monotheisten. Aber dieser eine Gott zeigt sich uns in drei verschiedenen Gesichtern. Er begegnet uns jeweils anders. Diese Formen der Begegnung haben die Kirchenväter mit *persona* bezeichnet. Der Begriff *persona* meint dabei, in Beziehung zu sein. Gott ist nicht einfach eine Substanz, er ist von seinem Wesen her immer in Beziehung zu sich selbst und zu uns.

WUNIBALD MÜLLER: Gott begegnet uns jeweils anders. Darüber kann ich einen Zugang zur Dreifaltigkeit bekommen. Einmal ist es Gott, an den ich mich wende, zu dem ich bete. Dann ist es Jesus, mit dem ich mich zum Beispiel im Herzensgebet verbunden fühle. Oder ich erflehe den Beistand des Heiligen Geistes. Bei allem handelt es sich für mich dabei um den einen Gott. Hier ist für mich die Lehre vom dreifaltigen Gott keine Spekulation.

ANSELM GRÜN: Auch für mich ist die Lehre vom dreifaltigen Gott nicht reine Spekulation. Sie versucht vielmehr, mit dem Verstand die Erfahrung zu begreifen, die die frühen Christen mit Gott gemacht haben. Sie haben mit den Juden gemeinsam Gott als Vater und Schöpfer der Welt erfahren. Aber sie haben in Jesus einen Menschen erlebt, der sich Sohn Gottes nannte und sich mit Gott eins wusste, aber dennoch Gott mit Vater ansprach. Also war Jesus nicht einfach Gott. In ihm ist uns Gott in einer menschlichen Person begegnet und unser Bruder geworden.

In Jesus begegnet uns Gott als der, der mit uns unsere Wege geht und der uns Anteil schenkt an seinem göttlichen Leben, indem er uns den Heiligen Geist sendet. Der Heilige Geist ist die Weise, wie Gott in uns ist. Der Heilige Geist durchdringt uns. In ihm atmet Gott selbst in uns. Vater, Sohn und Heiliger Geist bezeichnen also unsere Beziehung zu Gott. Die Beziehung, die das Sprechen vom dreifaltigen Gott meint, ist eine offene Beziehung: Gott ist ein offener Gott, der uns hineinzieht in die Gemeinschaft seiner Liebe.

Bei allem Versuch, das Geheimnis des dreifaltigen Gottes zu verstehen, bleibt uns das Mysterium letztlich verborgen. Wenn wir vom dreifaltigen Gott sprechen, dann ist es immer ein Stammeln über den Gott, der es gewagt hat, in Jesus Christus Mensch zu werden und nun im Heiligen Geist in uns selbst zu wohnen. Er durchdringt uns immer mehr mit dem Geist seines Sohnes, damit wir im Geist Jesu und von seinem Geist erfüllt diese Welt nach Gottes Willen gestalten. Die Theologie hat versucht, die Erfahrung, die die Christen mit Gott machten, nicht nur als Spiegelungen der eigenen Seele zu sehen, die wir auf Gott projizieren, sondern aus der Erfahrung heraus auch Aussagen über Gott an sich zu machen. Dies immer im Bewusstsein, dass jede menschliche Aussage über Gott zwar etwas Wesentliches von Gott trifft, dass Gott aber trotz aller Erkenntnis immer das unbegreifliche Geheimnis bleibt.

Wie siehst du das Geheimnis des dreifaltigen Gottes und wie prägt es dein Leben? Hat es überhaupt eine Auswirkung auf deine Spiritualität?

WUNIBALD MÜLLER: Ich kann sehr viel mit Gott, Jesus und dem Heiligen Geist anfangen, wenn ich dabei von dem einen Gott spreche. Es sind Ausfaltungen und Wirklichkeiten des Einen. Ich denke an eine Holzfigur aus dem 17. Jahrhundert, »Dreigesicht« genannt, die die Dreifaltigkeit darstellt. In Jesus nimmt Gott menschliche Gestalt an, im Heiligen Geist wirkt er mitten unter uns. Für meine Spiritualität ist es nicht so sehr der dreifaltige Gott, der mich dabei beeinflusst. Es ist das Zusammenspiel von Gott, Jesus und dem Heiligen Geist. Die Menschwerdung Gottes führt uns in die Niederungen des Lebens, die sie zugleich heiligt. Es ist der Alltag in all seiner Banalität und zuweilen auch Brutalität. Es ist unsere Wirklichkeit hier auf Erden mit allen ihren Wundern und Abarten, mit dem Glück, der Verzweiflung, den Freuden und Tragödien. In dieser Welt wurde Gott Mensch, wurde er messbar, konkret, Person.

Jesus zeigt die beiden Bewegungen an, die wir vollführen müssen, um ganz zu werden. Bei der aufsteigenden Bewegung schließen wir uns an den grenzenlosen Gott an. Die absteigende Bewegung zeigt sich in der Menschwerdung Gottes, der in seiner Inkarnation, in diesem Abstieg etwas Einzigartiges und Wunderbares schafft, ohne dass es sich dabei um etwas handelt, das gegenüber dem Aufsteigenden abfällt.

Wollen wir zum unermesslichen Gott gelangen, wird uns das nur gelingen, wenn wir ihn auch im Messbaren, Konkreten, in Jesus und schließlich in unserem Bruder und in unserer Schwester suchen. »Du sollst den Herrn, deinen Gott, lieben mit ganzem Herzen, mit ganzer Seele und mit ganzer Kraft, und du sollst deinen Nächsten lieben wie dich selbst.«

Da kommt dann für mich der Heilige Geist ins Spiel. Karl Rahner (1990, S. 308) schreibt:»Weil der Sohn des Vaters unsere Menschheit in das Licht des Vaters hineingenommen hat, darum ist die Liebe des Vaters und des Sohnes in heiliger Glut in unsere Herzen gefallen. Weil der Menschensohn gestorben ist dem Fleische nach, darum kann von nun an der Mensch im Heiligen Geist das Leben Gottes leben.« Der Heilige Geist stellt die Verbindung zwischen Gott und Mensch, Mensch und Gott her. Bei alledem ist es aber der eine Gott.

Der dreifaltige Gott als Gott in Bewegung

ANSELM GRÜN: Hier können uns vielleicht auch Überlegungen weiterhelfen, die wir im Zusammenhang mit den Gottesbildern angestellt haben. Wenn wir von dem Grundsatz ausgehen, dass das Gottesbild immer mit dem Selbstbild korrespondiert, dann wäre es spannend, sich zu überlegen, welches Selbstbild dem Bild des dreifaltigen Gottes entspricht. Joseph Ratzinger, der jetzige Papst Benedikt XVI., hat in seinem Buch *Einführung in das Christentum,* das auf Vorlesungen zurückgeht, die er im Sommersemester 1967 an der Universität Tübingen gehalten hat, einige hilfreiche Bemerkungen zu diesem inneren Zusammenhang zwischen dem dreifaltigen Gott und der christlichen Existenz gemacht.

Für ihn ist der Begriff »Person« ein reiner Beziehungsbegriff. Die Person ist nicht in sich ruhend, wie wir es meinen, wenn wir von einer gefestigten Persönlichkeit sprechen. Die Person ist immer bezogen auf. Das Bild des dreifaltigen Gottes meint also, dass Gott immer schon Bezogenheit ist, in Beziehung zu sich selbst und zu uns Menschen. Und wir Menschen können uns nur verstehen als Personen, die ihr Sein von Gott haben und es auf Gott hin leben, die ihr Wesen als Beziehung verstehen. Gott in drei Personen meint den einen unteilbaren Gott, der in sich schon Dialog ist, »Zueinander von Wort und Liebe« (Ratzinger 2005, S. 143). Der Christ ist von seinem Wesen her auf ein Du bezogen, auf das Du Gottes, der aber nicht oben im Himmel thront, sondern sich als der dreifaltige Gott für uns geöffnet hat.

WUNIBALD MÜLLER: Mich spricht die Dynamik an, die sich daraus ergibt: die Dynamik Gottes. Dass Gott nicht etwas Statisches ist. Gott eben nicht unnahbar, abgehoben und abgeschnitten von uns Menschen wie ein Kaiser auf seinem Thron sitzt, sondern sich in einer lebendigen Beziehung zu uns befindet. Das aber kann er nur, wenn er vom Himmel herunterkommt und zugleich im Himmel bleibt.

ANSELM GRÜN: Wenn ich Gott als Herrn im Himmel sehe, dann folgt daraus ein Selbstbild des gehorsamen Menschen, der einfach nur zu erfüllen hat, was Gott sagt. Wenn ich aber den dreifaltigen Gott bekenne, dann entsteht ein anderes Selbstbild. Ich kann mich selbst gar nicht anders sehen als einen, der in seinem innersten Wesen schon auf Gott bezogen ist, der in Gott selbst hineingezogen ist. Das trinitarische Gottesbild führt also zu einem optimistischen Selbstbild und zu einem Bild des Menschen, der von seinem Wesen her Dialog ist.

Joseph Ratzinger zitiert hier den heiligen Augustinus, der in seinem Johanneskommentar vom Bild des dreifaltigen Gottes auf das Personsein des Menschen zu sprechen kommt. Er fragt seine Hörerinnen und Hörer beziehungsweise seine Leserinnen und Leser:»Quid tam tuum quam tu, quid tam non tuum quam tu – was ist so sehr dein wie du selbst und was ist so wenig dein wie du selbst?« (Ratzinger 2005, S. 149). Und Ratzinger kommentiert diese Aussage des heiligen Augustinus so:»Das Allereigenste – was uns letztlich wirklich allein gehört: das eigene Ich, ist zugleich das am allerwenigsten Eigene, denn gerade unser Ich haben wir nicht von uns und nicht für uns.« Und er schließt seine Gedanken über die Trinität mit den Worten:»Im Reden von Gott wird sichtbar, was der Mensch ist.«

Für mich wäre es eine höchst spannende Aufgabe, diese Gedanken weiterzuführen, wenn es in der Therapie und in der geistlichen Begleitung um ein gesundes Selbstbild des Klienten geht, um ein Selbstbild, das seinem Wesen als Mensch entspricht. Wie siehst du die Auswirkung dieses Gottesbildes auf das Selbstbild des Menschen?

WUNIBALD MÜLLER: Was soll, kann ich dazu sagen? Zunächst finde ich es gar nicht so leicht, das zu verstehen, was Joseph Ratzinger hier meint. Am stärksten ist für mich die Aussage, die ja gleichsam deine Schlussfolgerung ist, dass ich mich selbst nach diesem trinitarischen Gottesbild gar nicht anders sehen kann als einen, der in seinem innersten Wesen schon auf Gott bezogen ist und das zu einem optimistischen Selbstbild führt. Ich bin für Gott ein Dialogpartner und nicht einfach sein Befehlsempfänger. Dann bleibt es spannend in der Beziehung zu Gott. Denn aus einem solchen Verhältnis erwachsen Freiheit und Verantwortung zugleich. Ich weiß mich im Letzten gehalten und geführt von Gott, und zugleich eröffnet sich mir ein riesiger Spielraum. Ich kann bestimmen, wie ich mein Leben gestalte, wofür und wogegen ich mich entscheide. Das kann zu einer großen Herausforderung für jene werden, die sich schwertun, eigene Verantwortung für ihr Leben und für ihre Entscheidungen zu übernehmen. Anderen wiederum, die bereit sind, Leben zu wagen und Verantwortung für ihre Entscheidungen zu übernehmen, kommt eine solche dialogisch ausgerichtete Beziehung zu Gott entgegen. Sie fixieren sich nicht darauf, kleinlich alles zu befolgen, was anscheinend Gottes Wille ist, sondern entnehmen dieser partnerschaftlichen Beziehung auch die Botschaft: Überrasche mich, indem du dir zutraust zu leben!

Aber was das jetzt mit der Dreifaltigkeit zu tun hat? Vielleicht, weil es dann spannend bleibt und das genau das ist, was den dreifaltigen Gott ausmacht. Bei ihm ist nicht alles festgelegt, da gibt es Bewegung, da herrscht Dynamik. Gott ist keine statische Größe, schon gar nicht eine messbare. Der dreifaltige Gott ist Gott in Bewegung, der sich nicht festlegen lässt – von niemandem, auch nicht einer Religion oder Kirche.

Der Mensch, der in sich Dialog ist

ANSELM GRÜN: Manchmal habe ich den Eindruck, dass die Theologen sich in der Verkündigung der frohen Botschaft bei den Hörerinnen und Hörern gleichsam entschuldigen, ihnen die schwierige Lehre vom dreifaltigen Gott nahezubringen. Das Engagement, mit dem die Kirchenväter früher um diese Lehre gerungen haben, wäre aber für mich eine Herausforderung, die Gedanken über den dreifaltigen Gott heute so zu formulieren, dass die Christen ein neues Selbstverständnis und auch ein gesundes Selbstbewusstsein finden.

Es wäre das Selbstverständnis von Personalität und Interpersonalität, das Verständnis des Menschen, der in sich schon Dialog ist, der in sich auf ein Du bezogen ist. Sein Wesen kann er nicht verwirklichen, wenn er nur um sich kreist, um seine eigene Vervollkommnung, sondern wenn er beziehungsfähig ist, in Beziehung tritt und in der Beziehung zu anderen das Geheimnis seines eigenen Personseins entdeckt.

Von daher werfen das Wort Jesu »Ich und der Vater sind eins« und die Bitte, »damit sie eins werden, wie wir eins sind« (Joh 17,11.22), ein neues Licht auf das Geheimnis unserer christlichen Existenz. Wie Jesus sollen wir unser Sein als »von – her« und »auf – hin« verstehen. Wenn wir erkennen, dass wir aus Gott sind und auf Gott hin existieren, dann sind wir eins mit Gott und eins mit uns selbst, und dann werden wir fähig, auch miteinander eins zu werden.

WUNIBALD MÜLLER: Du sprichst hier einen Gedanken an, der mir immer wichtiger wird. Ich will es einmal so formulieren: Eine Selbstverwirklichung, die nicht in die Hingabe führt, bleibt auf halbem Wege stecken oder kommt auf halbem Wege zum Stehen. Jeder und jede soll sich, so gut es geht, verwirklichen, soll das, was in ihm oder ihr steckt, zur Entfaltung bringen. Dieser Selbstverwirklichungsprozess als Teil unserer Menschwerdung findet aber seine Vollendung erst über die Beziehungsfähigkeit in der Hingabefähigkeit – an eine Sache, an Menschen, an Gott.

So wie Gott nicht narzisstisch um sich kreist, sondern sich in seiner Menschwerdung uns zuwendet, sich in seinem Tod für uns hingibt und als Heiliger Geist uns heute seine Liebe schenkt, so sind auch wir aufgefordert, aus dem Kreisen um uns auszusteigen und uns den anderen zuzuwenden, um so erst wirklich Mensch zu werden. Wenn ich mich von Gott her verstehe, überlasse ich mich dem Prozess meiner Menschwerdung und gestalte ihn, angefeuert vom Heiligen Geist. Wenn wir uns dieser Dynamik überlassen, führt sie uns in die Hingabe an unsere Mitmenschen und in die Hingabe an Gott.

TEIL III

Als der Kardinal-Inquisitor mich fragte, ob ich an Gott glaube, antwortete ich:»Nein, an Ihren Gott glaube ich nicht.«

Als der Atheist mich fragte, ob ich an Gott glaube, antwortete ich abermals:»Nein, an den Gott, den Sie leugnen, glaube ich nicht.«

»Also glauben Sie doch an einen Gott«, erwiderten mir Kardinal und Atheist wie aus einem Munde.

»An GOTT, wenn ich bitten darf, nicht an ›einen‹, wie Sie es tun. Nicht an ›einen‹, nicht an ›meinen‹, nicht an diesen noch an jenen, denn das alles sind Götter. GOTT liegt im Streit mit den Göttern und mit uns, die deren Bilder verehren oder zerstören, und insofern ist Gott der militanteste ›Atheist‹.«

Der Inquisitor verurteilte mich wegen Blasphemie, der Atheist schmähte und nannte mich einen Filou.

Fridolin Stier

GOTT UND DIE DOGMEN

Dogmatik ist die Kunst, das Geheimnis offenzuhalten

WUNIBALD MÜLLER: In einer Biografie über C.G. Jung heißt es, der junge Carl Gustav Jung habe sich auf seiner Suche nach Gott zunächst mit der Dogmatik beschäftigt, also mit jener theologischen Disziplin, die sich vornehmlich mit der Lehre einer Religion befasst. Und frustriert davon, habe er schließlich in der Begegnung mit dem Unbewussten gefunden, wonach er vergeblich in der Lehre gesucht hatte. Von der Dogmatik heißt es dort, dass sie nicht mehr sei als leeres Geschwätz.

Wer das sagt, wird der Dogmatik nicht gerecht. Ich entdecke bei mir in den letzten Jahren eine neue Wertschätzung gegenüber der Theologie, also der Lehre von Gott, und ihrem Bemühen, Glauben in Worte und Begriffe zu fassen. So finde ich es faszinierend und bereichernd, welche Gedanken sich Menschen über Gott machen, wie sie sich bemühen, unter Zuhilfenahme etwa der Philosophie Gott zu erklären und zu verstehen. Auch finde ich es legitim und wichtig, dass – und das ist nochmals eine andere Vorgehensweise – eine Religionsgemeinschaft zu definieren versucht, was die Kennzeichen ihres Glaubens sind und welche Folgerungen sich daraus für das Leben der Personen, die sich zu dieser Glaubensgemeinschaft bekennen, ergeben.

Doch so interessant ich auch die großen Themen der Dogmatik wie die Gotteslehre, die Christologie und die Ekklesiologie finde und so wichtig ich die wissenschaftliche und auch die theologische Auseinandersetzung damit erachte – von wirklicher und entscheidender Bedeutung sind sie für mich, was meine persönliche Beziehung zu Gott betrifft, nicht.

ANSELM GRÜN: Ich habe ja selbst in Dogmatik promoviert. So möchte ich eine Lanze brechen für die Dogmatik. Manche meinen, die Dogmatik sei rein theoretisch und spröde. Aber für mich ist die Dogmatik die Kunst, das Geheimnis offenzuhalten. Ich habe Angst vor einer Theologie, die alles erklären möchte. Gott bleibt letztlich immer unbegreiflich. Die Dogmatik ist die Kunst, das Geheimnis des unbegreiflichen Gottes zu wahren.

Das möchte ich an einem Beispiel erörtern: Wenn ich sage: »Jesus war nichts als ein religiös begabter Mensch«, dann nivelliere ich ihn auf das, was ich kenne – auf das Vorfindbare. Ich löse sein Geheimnis auf. Wenn ich sage: »Jesus war Gottes Sohn«, dann weiß ich letztlich nicht, was das wirklich bedeutet. Aber ich halte das Geheimnis Jesu offen. Ich weigere mich, ihn mit den Kategorien eines Zeitungsjournalisten zu beschreiben. Ich achte das Geheimnis Jesu, das Unbegreifliche in ihm. Und so bleibt Jesus eine Herausforderung für mich. Ich kann mich nicht zurücklehnen, weil ich ihn so erklärt habe, dass er mir nicht mehr gefährlich werden kann.

WUNIBALD MÜLLER: Die Dogmen der Kirchen, die die Lehre über Gott beinhalten und mit denen sich die Dogmatik auch befasst, zeugen von tiefem Interesse und großem Bemühen, Gott zu erklären. Ich gebe Bruder David Steindl-Rast (2003, S. 25f.), der wie du Benediktiner ist, recht, wenn er sagt, die christliche Gotteslehre verlange »scharfes, aber nüchtern selbstkritisches Denken und zugleich die glutpersönliche Gotteserfahrung. Wenn diese beiden aber zusammenkommen, dann schmilzt das theistische Eis der Dogmen und lebensspendendes Wasser sprudelt.«

Weiter meint Bruder David Steindl-Rast, dass in den Dogmen, die wir den Kirchenvätern der ersten Jahrhunderte verdanken, wirklich die bahnbrechende Gotteserfahrung Jesu enthalten sei, wenn auch in beinahe unkenntlicher Form. »An der Oberfläche jonglieren Theologen mit Begriffen. Was sie aber ausdrücken, war – ihnen oft wohl selber unbewusst – die Ergriffenheit des eigenen Herzens von der persönlichen Erfahrung göttlicher Wirklichkeit. Jesus hatte davon, ohne die begriffliche Einengung, lebendiger und überzeugender gesprochen. Begrifflich eingefroren wurde aber das lebendige Wasser der Zukunft weitergegeben und für ein künftiges Tauwetter bewahrt. Wir stehen an der Schwelle unserer Zukunft. Es beginnt zu tauen.«

ANSELM GRÜN: Bei allen dogmatischen Formulierungen geht es für mich immer um die Fragen: Welche Erfahrung steckt hinter diesen Aussagen? Was haben die Menschen erfahren, dass sie diese Formulierung wagen? Wenn die Theologen der frühen Kirche so heftig um die richtigen Formulierungen gerungen haben, wie die göttliche und menschliche Natur in Jesus zusammengehen, dann war das immer auch ein Ringen um das richtige Selbstverständnis des Menschen. Sie wollten mit ihrer Theologie dem Menschen und seinem Geheimnis gerecht werden. Wenn ich hinter allen dogmatischen Aussagen die Erfahrung entdecke, die frühere Menschen damit gemacht haben, dann können sie auch mir helfen, eine ähnliche Erfahrung zu machen. In diesem Sinn verstanden wird Dogmatik höchst spannend. Sie will mich in die Erfahrung des unbegreiflichen Gottes hineinführen.

Sich nicht hinter dogmatischen Aussagen verschanzen

WUNIBALD MÜLLER: Manchmal habe ich den Eindruck, dass in dem Moment, in dem wir uns wieder mehr zur Urkraft der Botschaft Jesu hinbewegen, jene Kräfte stärker werden, die versuchen, den Auftauungsprozess zu verhindern, indem sie die ewige Kälte des Dogmatismus und Legalismus verschärfen. Das geschieht oft aus der Angst heraus, am Ende leer dazustehen, nichts mehr in der Hand zu haben, auch keine Begriffe mehr. Dabei müssten sie keine Angst haben. Denn wenn sie den Prozess des Tauens nicht behindern, kommen sie dem näher, was sie – sicher in guter

Absicht – konservieren wollen, freilich manchmal so gründlich, dass zuweilen nur noch die Konserve, nicht aber länger der Inhalt im Vordergrund steht.

Auftauen heißt hier für mich, den in den Dogmen der Kirche ruhenden Schatz neu zu entdecken. Einen neuen Blick, eine neue Würdigung für den Inhalt der Konserve zu finden. Denen, die den Glauben »bewahrt« haben in Dogmen und Strukturen, zu danken für ihre Dienste, zugleich aber auch nicht nachzulassen, den Inhalt, den Kern des Glaubens, angestoßen durch die Dogmen und angereichert von ihnen, im eigenen Herzen zu entdecken und zu entzünden. Das wird nicht ohne Spannung gehen – weder für den, der im Einklang und in Verbundenheit mit seiner Glaubensgemeinschaft und ihrem Glaubensgut bleiben möchte, noch für die, die sich als Väter dieser Glaubensgemeinschaft verstehen. Geduld, Respekt, vor allem aber Liebe, die allein jede Form von Formalismus und Rechthaberei sprengen kann, sind dann angesagt.

Dann, davon bin ich überzeugt, sehen wir endlich durch all das Vordergründige hindurch, um *dem* zu begegnen, der unsagbar, unfassbar ist und bleibt, »*eine* höchste Wirklichkeit und zwar eine unbegreifliche und unaussprechliche« (Denzinger 1991, S. 360).

ANSELM GRÜN: Wer sich hinter dogmatischen Aussagen verschanzt oder sie als Waffe gegen andere benutzt, der verwechselt die dogmatische Sprache mit der Herrschaftssprache von Tyrannen. Auch wenn die Dogmatik versucht, in Begriffen zu sprechen, so sind und bleiben diese Begriffe letztlich Bilder.

Auch die Dogmatik kann Gott nicht festlegen. Sie setzt nur den Rahmen fest, innerhalb dessen wir nach Gott Ausschau halten. Die Bilder der Dogmatik sind Fenster, durch die wir auf den unendlichen und unbegreiflichen Gott schauen. Sie öffnet nur die richtigen Fenster. Nicht alle Fenster weisen in die Richtung Gottes.

WUNIBALD MÜLLER: Manchmal versperrt die Dogmatik aber auch den Blick auf Gott durch enge Festlegungen. Glaubensvorstellungen können uns – das dürfen wir nie vergessen – auch einmauern, sie können dazu beitragen, dass wir uns dem Leben verschließen, die Möglichkeiten des Lebens nicht länger sehen, spüren und würdigen. Wie viele Menschen haben doch ihre Lebendigkeit einer bestimmten Theologie oder einem bestimmten Glauben geopfert. Das muss nicht so sein.

Theologie, Kirchlichkeit und Spiritualität fördern unsere Lebendigkeit, wenn sie unseren inneren Lebensfluss würdigen und fördern, auch weil sie die spirituelle Dimension unseres inneren Lebensflusses erkannt haben. Das mag für jene, die sich in ihren theologischen und mitunter auch kirchlichen Konzepten verschanzt haben, zu einer großen Herausforderung werden. Dieser Herausforderung werden sie sich vermutlich nur stellen, wenn – um es spirituell auszudrücken – Gott in ihren Konzepten eine undichte Stelle entdeckt, durch die *er* Eingang findet.

Wenn die Mauern aus Ideologie und Konzepten, die uns den Blick auf Gott verstellt haben, geschleift worden sind, dann halten uns auch unsere unterschiedlichen Traditionen, unsere unterschiedlichen Orthodoxien und Orthopraxien nicht davon ab, uns in Respekt und Liebe zu begegnen. Dann dürfte es auch keine so großen Unterschiede geben zwischen dem Hirten und der Herde innerhalb der jeweiligen Glaubens- und Konfessionsgemeinschaften. Dann dürfte die Orthodoxie nicht wichtiger sein als die Orthopraxie, die aber immer nur die Vergegenwärtigung und Verlebendigung von Liebe sein kann und sein wird. »Hätte ich aber die Liebe nicht, so nützte es mir nichts«, wie es im ersten Brief des Paulus an die Korinther im Kapitel 13 heißt.

Bilder des unbegreiflichen Gottes

ANSELM GRÜN: Wenn ich die dogmatischen Aussagen als Bilder des unbegreiflichen Gottes verstehe, dann bleibe ich auch in der Diskussion mit Theologen anderer Konfessionen oder auch mit Vertretern anderer Religionen bescheiden. Ich weiß, dass Gott allein die Wahrheit ist. Wir sind nie im Besitz der Wahrheit. Wir dürfen vertrauen, dass die dogmatischen Aussagen der Wahrheit nahekommen, dass sie in die richtige Richtung weisen, dass sie einen Zipfel der Wahrheit Gottes erfassen.

Aber die ganze Wahrheit lässt sich nicht in menschlichen Worten zusammenfassen. Gott allein ist die ganze Wahrheit. Diese Wahrheit entzieht sich aber unserem Zugriff. Wir können immer nur wahre Aussagen machen über die letztlich unzugängliche Wahrheit. Wenn die Theologen sich in ihren Diskussionen dessen bewusst sind, wird ihr Gespräch von Achtung und Respekt geprägt sein. Und sie werden offen sein, ob die Aussagen des anderen nicht auch einen Aspekt der Wahrheit beschreiben, den sie selbst bisher noch nicht bedacht haben.

WUNIBALD MÜLLER: Bis dorthin ist es aber ein langer Weg, der voraussetzt, dass ich mich frei mache von äußeren, mich einschränkenden, mir den Blick verdunkelnden Einflüssen. Ich muss mich befreien von Ideologien, Rechthabereien, Wahrheiten, die mit der Liebe nicht in Einklang zu bringen sind. Solche Wahrheiten taugen nur dann, haben nur dann ihre Bedeutung, wenn sie der Begegnung mit Gott dienen, diese fördern. Wenn sie dazu beitragen, dass unser Inneres als Liebe, in der Gott selbst anwesend ist, nach außen fließen kann und dort im konkreten Tun Gestalt annimmt.

Wenn ich mit meinem Innersten in Berührung bin, bin ich Gott nahe. In meinem Innersten begegnet mir Gott, dort ist Gott selbst anwesend. Seine unfassbare, geheimnisvolle Gegenwart kann ich erahnen, vielleicht auch spüren und wahrnehmen, wenn die Mauer um mich, um mein Innerstes durchbrochen wird und ich durchlässig werde. Man kann auch sagen, dass ich nur dann wirklich mit meinem Innersten in Berührung bin, wenn ich mit Gott in Berührung bin. Will ich also mit meinem Innersten in Kontakt kommen, muss ich offen dafür sein, mit Gott in Kontakt zu kommen. Hier kann ich ihm nicht ausweichen. Es ist wie bei den Träumen, die mich unausweichlich mit der Wirklichkeit und Wahrheit meines Lebens konfrontieren. Bin ich bereit, mich auf meine Träume einzulassen, so muss ich bereit sein, mich der Wirklichkeit und Wahrheit meines Lebens zu stellen.

Dogmen, die Lehren einer Kirche, stehen im Dienst dieser Hinwendung zu Gott. Solange sie dazu beitragen, erfüllen sie ihre Aufgabe, tragen sie nicht dazu bei, ja erschweren sie die Hinwendung zu Gott, so haben sie ihre Berechtigung verloren.

ANSELM GRÜN: Alle dogmatischen Aussagen haben für mich die Aufgabe, die Würde und das Geheimnis des Menschen zu schützen. Sie dienen letztlich dem Menschen. C.G. Jung sagte einmal, Gott sei das stärkste archetypische Bild. Wenn dieses Bild krank ist, wird der ganze Mensch krank. Daher ist die dogmatische Arbeit am richtigen Gottesbild letztlich eine therapeutische Arbeit. Sie dient dem Menschen, dass er ein gesund machendes Gottesbild entdeckt, das auch seiner Heilung dient.

Nach einem Wort des jüdischen Philosophen Max Horkheimer haben die sperrigen dogmatischen Aussagen die Aufgabe, in unserer Gesellschaft die Sehnsucht nach dem ganz Anderen wachzuhalten. Indem die Dogmatik sich nicht von der Mediensprache vereinnahmen lässt, hält sie die Sehnsucht nach dem ganz Anderen wach. Das ist für Horkheimer letztlich ein Dienst an der Gesellschaft. Denn jede Gesellschaft hat die Tendenz, autoritär zu werden. Wir spüren diese autoritäre Tendenz heute hautnah, wenn alles, was wir tun, immer nur nach finanziellen Gesichtspunkten bewertet wird. Das tut unserem Miteinander nicht gut.

WUNIBALD MÜLLER: Mir gefällt, wenn der Philosoph Jean-Luc Nancy in seinem Buch *Dekonstruktion des Christentums* aufzeigt, wie das Christentum selbst dafür sorgt, dass es nicht dogmatisch wird, indem es die eigene Botschaft unterläuft. »Das Christentum glaube an einen Abwesenden, der zugleich anwesend ist, an den EINEN, der mehrfach in sich geteilt ist« (in: Assheuer 2009, S. 79). Auch habe das Christentum sich von jeher auf den »Tod Gottes eingelassen«.

Da wird in einer Weise und mit einer Weite von Gott gesprochen, die für mich Voraussetzung ist, um ernsthaft von Gott zu sprechen, auch wenn selbst das für mich natürlich nicht mehr ist als ein hilfloses Stammeln über Gott.

GOTT UND DIE KIRCHE

Die ersten Spuren des Glaubens in Rom

WUNIBALD MÜLLER: Als ich von einem nächtlichen Spaziergang durch Rom in den Vatikan zurückkam, konnte ich mich nicht der Faszination entziehen, die der von Scheinwerfern angestrahlte Petersdom in mir auslöste. Doch so imposant es auch ist, wie die katholische Kirche sich hier präsentiert, so gilt auch für sie, dass sie in *conspectu aeternitatis,* »angesichts der Ewigkeit«, für einen Moment etwas darstellt, das vergänglich ist – nicht mehr als ein Hauch, der, kaum ausgehaucht, wieder vergeht. Der Petersdom ist keine 500 Jahre alt, das Christentum rund 2000 Jahre.

Als ich in meiner Unterkunft im Vatikan, der Casa Maria Martha, ankam, ging ich in die dunkle Kapelle des Gästehauses. Die Dunkelheit, die Stille, die Umrisse des Kreuzes – sie luden mich ein, innezuhalten und in Kontakt mit meinem Inneren und mit Gott zu treten. An diesem Ort, in dieser Kapelle fühlte ich mich wohl. Diese Atmosphäre, die ich dort erfahre, ist es, was ich mit Kirche verbinde. Nicht die klerikale Atmosphäre, die mich umgab, als ich die Casa Maria Martha betrat. Ich habe kein Problem, das zu akzeptieren. Aber es ist nicht meine Welt. Die Kapelle in der Casa Maria Martha ist meine Welt. Sie steht für die Welt der Ewigkeit, in die ich eintauche, wenn ich eintauche in meine Tiefe, wenn ich eintauche in die Beziehung zu dem Ewigen, zu Gott.

Nun könnte man sagen, dass es diese Welt des Ewigen auch außerhalb der Kirche gibt. Und das trifft ja auch zu. Doch für mich hat es auch eine große Bedeutung, dass die Art und Weise, wie ich meine Beziehung zu Gott gestalte, eingebunden ist in Angebote und Rituale, die sich bewährt haben. Die dazu beitragen können, meine Beziehung zu Gott zu vertiefen und zusammen mit anderen zum Ausdruck zu bringen. Ich denke da vor allem auch an die Gottesdienste, vornehmlich die Eucharistiefeier oder die Abendmahlsfeier.

ANSELM GRÜN: Von 1967 bis 1971 habe ich in Rom studiert. Von Sant' Anselmo aus konnten wir durch das Schlüsselloch auf den Vatikan schauen. Oft genug war ich in St. Peter. Doch noch mehr als der Vatikan haben mich die alten Kirchen interessiert: San Clemente mit dem alten Mithras-Heiligtum unterhalb der Kirche, das Kolosseum und die römische Geschichte auf dem Kapitol. In Rom atmen wir nicht nur kirchliche Luft, sondern die Luft einer uralten Geschichte. Diese Geschichte hat sich mit der Geschichte der Kirche verbunden. Es ist schon faszinierend, in dieser Stadt zu leben. Ich habe die internationale Atmosphäre genossen.

In Sant' Anselmo haben wir mit Mitbrüdern aus vielen Nationen auf engstem Raum zusammengelebt. Da hatten wir teil an ihrem Schicksal, aber zugleich war es immer auch ein kirchliches Getto. Doch es gibt in Rom auch die Basisgemeinden, die ihren Glauben auf lebendige Weise zum Ausdruck bringen.

Für mich war es eine Herausforderung, in dieser Stadt den Ursprüngen meines Glaubens nachzuspüren, durch die Höhen und Tiefen der Kirchengeschichte auf den Grund durchzudringen und dort das eigentliche Fundament meines Glaubens freizulegen. Wenn wir in Sant' Anselmo mit Pater Godehard gregorianischen Choral gesungen haben, dann war das lebendiger Glaube. Da haben die alten Texte ihre spirituelle Kraft entfaltet. So habe ich auch in Rom wichtige spirituelle Erfahrungen gemacht.

WUNIBALD MÜLLER: Vor einigen Jahren besuchte ich die Ausgrabungen unter der Peterskirche. Hier soll sich das Grab des Petrus befinden, der bei den Christenverfolgungen unter Nero im Jahre 64, so Tacitus in seinen »Annalen«, umgekommen ist. Ob es sich wirklich um sein Grab handelt, weiß man nicht. Doch bereits 160 nach Christus entwickelte sich eine Tradition, dass es sich um das Petrusgrab handle.

Allein diese Vorstellung ist faszinierend. Auch die Prachtentfaltung hier im Vatikan hat etwas Faszinierendes, zugleich aber auch Distanz Schaffendes. Was »unten« in den Ausgrabungen zu sehen ist, spricht mich mehr an. Wenn ich in die Tiefe steige und schaue, was sich darunter oder dahinter befindet, dann verliert das, was sich darüber befindet, an Bedeutung. Das geschieht, weil ich mich nicht länger davon abhalten lasse, mich dem Kern, dem Wesentlichen, zu öffnen.

In unmittelbarer Nähe dieser Gegend wurden Christen ermordet, unter ihnen vielleicht auch Petrus. Es spricht vieles dafür, dass seitdem an dieser Stelle Petrus verehrt wird. Was sich daraus entwickelt hat, findet an dieser Stelle, in dieser Kirche auf irgendeine Weise seinen Ausdruck. Ich finde das überwältigend. Manchmal muss man in die Tiefe hinabsteigen, um dem *genius loci*, dem »Geist des Ortes«, zu begegnen, der sich in der Wuchtigkeit der Peterskirche zu verflüchtigen scheint.

ANSELM GRÜN: Für mich ist es auch faszinierend, dass dieser einfache Fischer Petrus aus dem verträumten Kafarnaum in die damalige Hauptstadt des Römischen Reiches gekommen ist. Lukas berichtet uns ja davon, dass Paulus an den Kaiser appelliert hat und deshalb aus dem Gefängnis in Jerusalem nach Rom transportiert wurde. Dort hat er dann das Evangelium Jesu Christi freimütig verkündet. Bei allen dunklen Seiten der römischen Kirchengeschichte berührt es mich doch, dass sich die Christen nicht versteckt haben, sondern sich in alle wichtigen Städte der damaligen Welt gewagt und den Dialog mit der griechischen und lateinischen Philosophie begonnen haben. Das hat die christliche Lehre für alle Menschen attraktiv gemacht.

Wenn ich die ersten Spuren des Glaubens in Rom – vor allem in den Katakomben – betrachte, dann spüre ich auch, wie ein Schauer über meinen Rücken läuft. Da haben Menschen im Untergrund ihren Glauben gelebt. Aber irgendwann hat ihr Glaube von unten her die ganze Gesellschaft durchdrungen und für den Geist Jesu Christi geöffnet.

Das ist für mich ein schönes Bild für uns. Manchmal habe ich auch den Eindruck, dass der Glaube an den Gott Jesu Christi in der Öffentlichkeit kaum eine Rolle spielt. Dennoch vertraue ich darauf, dass wir – wenn wir in den Katakomben der heutigen Welt, in der Verborgenheit der stillen Räume des Gebetes unseren Glauben authentisch leben – diese Welt verwandeln und mit dem Geist Jesu Christi infizieren.

WUNIBALD MÜLLER: Als ich damals das Grab des Petrus besuchte, hielt ich an der prächtigen, hinter Glas liegenden Grabstätte kurz inne und betete. Ich betete für die katholische Kirche, meine Kirche, dass Gutes von ihr ausgehe. Und als würde ich etwas von dem wiedergefundenen *genius loci* festhalten wollen, brachte ich zwei kleine Kreuzchen, die ich im Devotionalienladen vor der Grabanlage gekauft hatte, in Berührung mit dem Grab. Dies erinnert mich an meine Unzulänglichkeit, an mein Bedürfnis, etwas zu materialisieren, was ich nicht materialisieren kann – anstatt mit dem zufrieden zu sein und das zu pflegen, was allein der angemessenen Weise der Verbindung zu und des Ausdrucks von Gott entspricht: im Geiste und in der Wahrheit.

ANSELM GRÜN: Es ist ein Urbedürfnis des Menschen, den Glauben handfest auszudrücken. Vor ein paar Jahren hat mich ein Therapeutenkongress zu dem Thema »Magie und Religion« eingeladen. Da ist mir aufgegangen, dass Magie nicht nur etwas Schlechtes ist, sondern dass sie dem Bedürfnis der Menschen entspricht, den Glauben in handfesten Formen zum Ausdruck zu bringen.

Magie verfälscht nur den Glauben, wenn wir Gott vereinnahmen und über ihn verfügen möchten. Die echte Magie will nicht über Gott verfügen, sie hat nur das Bedürfnis, Gott und das Göttliche zu berühren. Dazu braucht sie die Reliquien, den Kuss des Altars oder einer Heiligenstatue. Schon in den ersten Jahrhunderten haben die Christen ihre Taschentücher an die Gräber der Märtyrer gehalten, um an ihrem Glauben teilzuhaben. Wir können darüber lächeln. Aber es ist ein gesundes Bedürfnis, dass sich unser Glaube nährt von dem Glauben anderer Menschen. Mit der Berührung der Kreuzchen wolltest du, dass sich dein Glaube vom Glauben des Petrus befruchten lässt.

In den Grund der Kirche hinabsteigen

WUNIBALD MÜLLER: Auch Kirche ist ja in einer gewissen Weise der Versuch, etwas von Gott zu »materialisieren«. In einer Diskussion stellte C. G. Jung die Frage in den Raum, ob denn Gott so etwas wie die Kirche als Gefäß benötige, um sich zum Ausdruck zu bringen. Er verneint das. Für ihn ist dieses »Gefäß« der Mensch selbst. Ich weiß nicht, was Gott braucht. Ich weiß, dass ich froh bin, dass es Kirchen gibt, und ich bin gerne Mitglied meiner Kirche.

Das Blut der Märtyrer ist der Samen der Kirche. Sie haben ihr Blut gelassen, aus dem etwas entstand und entsteht, was uns einlädt, immer wieder an uns selbst zu prüfen, wie nah oder wie weit entfernt wir von unserem Ursprung sind.

Wofür wir unser Blut einsetzen, unser Leben. Was aus unserem Samen geworden ist. Auch wenn wir uns mit der Zeit, über die Jahrzehnte hinweg, von unserem Ursprung entfernt haben mögen, auch wenn nach außen hin vieles von dem, was uns eigentlich zugedacht war, sich nicht entfaltet haben mag, so dürfen wir selbst durch die Verzerrungen hindurch, wenn wir uns die Zeit dafür nehmen und genau hinschauen, das Eigentliche sehen.

Dabei kann es helfen, in die Tiefe zu gehen, an den Anfang zurückzugehen, mit dem Ursprung in Berührung zu kommen. Das kann dazu beitragen, das Gegenwärtige wieder mehr im Lichte des Anfangs zu sehen. Es kann dazu beitragen, besser zu verstehen, was schiefgelaufen ist in der Entwicklung. Oder es kann dazu beitragen, zu verstehen, warum das, was am Anfang stand und galt, sich einfach so entwickelt hat. Doch was sich entwickelt hat, kann sich ja auch weiterentwickeln – mithilfe und angelegt durch die Erhellung des Anfangs. Manchmal freilich muss man erst zum Grund oder zu Grunde gehen, um wieder dorthin zu kommen. Das gilt auch für die Kirche.

ANSELM GRÜN: Für mich bedeutet, in den Grund der Kirche hinabzusteigen, immer wieder in der Bibel zu lesen und zu verstehen, was Jesus eigentlich gemeint hat. Aber ich vertiefe mich auch in die Schriften der frühen Kirchenväter. Wie haben sie Jesus verstanden? Wie haben sie die Kirche verstanden? Für die frühen Kirchenväter war ja die Erfahrung der Gemeinschaft im Glauben, die Gemeinschaft der Kirche sehr wichtig. Sie haben von der Kirche in wunderbaren Bildern gesprochen.

Gerade heute, wo wir ja eher kritisch von der Kirche sprechen, frage ich mich nach den Erfahrungen, die diese frühen Christen und frühen Kirchenväter mit der Kirche gemacht haben. Bei aller Brüchigkeit war die Kirche für sie doch die Erfahrung, dass das Reich Gottes sichtbar geworden ist, weil Juden und Griechen, Männer und Frauen, Arme und Reiche, Gebildete und Ungebildete miteinander in Frieden leben konnten. Es ist die faszinierende Erfahrung, die Paulus in die folgenden Worte gefasst hat: »Es gibt nicht mehr Juden und Griechen, nicht Sklaven und Freie, nicht Mann und Frau; denn ihr alle seid ›einer‹ in Christus Jesus« (Gal 3,28).

Von Gott her denken

WUNIBALD MÜLLER: Geht es mir wirklich um Gott, dann kann ich nicht nur von mir her, von der Tradition, von der Kirche her denken und handeln. Dann darf, ja muss ich von Gott her denken und handeln. Da aber können mir Zen oder auch Formen helfen, die das Begreifen übersteigen. Sie können uns in eine Weite und Tiefe führen, die unsere zuweilen sehr engen, spitzfindigen und komplizierten Vorstellungen, Gedankenkonstruktionen und Annahmen von Gott sprengen.

Wie schnell laufen wir doch Gefahr – das gilt für den Bischof nicht weniger als für den Durchschnittsmenschen –, Gott unsere Vorstellungen von dem, was er anscheinend will, überzustülpen, anstatt uns von der Unendlichkeit Gottes in dem, was wir glauben und für richtig erachten, führen und inspirieren zu lassen. Von Gott her zu denken heißt auch immer wieder, von der Ewigkeit und der Unendlichkeit her zu denken. Gott wird immer und ewig unser Gott sein. Jerusalem und Rom werden untergehen. Gott wird nicht untergehen. Ich werde untergehen, vermutlich wird auch irgendwann das untergehen, was wir Welt nennen.

ANSELM GRÜN: Nicht nur Jerusalem und Rom werden untergehen. Auch das, was wir über den Glauben schreiben, wird keinen Bestand haben. Die Bücher werden gelesen. Aber nach einigen Jahren denkt niemand mehr daran. Auch unsere Gedanken sind nicht für alle Menschen interessant. Sie erreichen nur einige. Da entsteht dann ein Austausch, eine Beziehung. Aber das ist immer auch begrenzt. Gott ist grenzenlos. Vor seiner Ewigkeit verblasst alles, was wir tun. Da verblasst der imposante Bau von St. Peter. Da verblassen alle theologischen und spirituellen Versuche, über Gott zu schreiben, um Gott den Menschen näherzubringen.

Unsere Worte können Türen öffnen, damit Gott durch sie zu den Menschen eintritt. Aber Gott braucht diese Türen nicht. Er berührt die Menschen dann und dort, wann und wo er will. Er kann Menschen ansprechen, ohne dass sie ein Buch lesen. Denn er ist in jedem Herzen und hat Zugang zu jedem Herzen. Was die Kirche, was wir tun können, das ist nur: die Herzen für diesen unbegreiflichen Gott der Liebe zu öffnen.

Die heilige Kirche

WUNIBALD MÜLLER: Ja, das ist, das wäre die Aufgabe der Kirche. Die Kirche soll uns den Zugang zu Gott erleichtern, manchmal auch bahnen – und ihn nicht erschweren oder verbauen. »Die Kirche soll und will nicht mehr sein als Bau, Wohnung oder Tempel des Geistes Gottes. Das wird sie umso mehr sein, je mehr sie im Geist um ihre eigene Relativität weiß und bemüht ist« (Schütz 1988, S. 604). Der Kirche muss es um Gott gehen.

Ich habe mich lange recht schwer damit getan, im Glaubensbekenntnis von der heiligen katholischen Kirche zu sprechen. Denn ich erlebe meine Kirche, aber auch andere Kirchen, oft als alles andere als heilig. Joseph Ratzinger (2005, S. 321ff.) setzt sich in seiner *Einführung in das Christentum* auch mit der *heiligen* katholischen Kirche auseinander. Er schreibt dazu unter anderem:

»Die Jahrhunderte der Kirchengeschichte sind so erfüllt von allen menschlichen Versagen, dass ... uns die furchtbaren Worte des Pariser Bischofs Wilhelm von Auvergne (aus dem 13. Jahrhundert) begreiflich scheinen, der meinte, ob der Verwilderung der Kirche müsse jeder, der das sieht, vor Schrecken erstarren. ›Braut‹ ist das nicht mehr, sondern ein Untier von furchtbarer Ungestalt und Wildheit ... Ich gestehe: für mich hat gerade die Unheiligkeit der Kirche etwas unendlich Tröstendes an sich. Denn müsste man nicht verzagen vor einer Heiligkeit, die makellos wäre und die nur richtend und verbrennend auf uns wirken könnte? ... Die Kirche ist am meisten nicht dort, wo organisiert, reformiert, regiert wird, sondern in denen, die einfach glauben und hier das Geschenk des Glaubens empfangen, das ihnen zum Leben wird.«

Um diese Kirche weiß ich und an die heilige Kirche glaube ich. Die Kirche, die manchmal jetzt schon aufscheint. Die davon beseelt ist, Menschen zur Heiligkeit zu führen. Die, damit das geschieht, nicht Arm in Arm mit den gesellschaftlichen Trends geht, unmenschlich und krank machendes Unternehmergebaren an den Tag legt, Menschen seelisch ausbeutet. Es ist die Kirche, die einen anderen Rhythmus vorgibt. Den Rhythmus des kosmischen Tanzes, den Tanz der Schöpfung, den Tanz der Befreiung, der uns aus dem Trott des »Du musst«, »Du darfst nicht«, »Du sollst« herausführt.

ANSELM GRÜN: Der Religionspädagoge Albert Biesinger sagte einmal zu Recht, wir sollten die Kinder nicht um Gott betrügen. So ist es auch unsere Aufgabe als Kirche, die Menschen nicht um Gott zu betrügen, sondern die Frage nach Gott offenzuhalten in dieser Welt. Darin sieht auch, wie vorhin bereits erwähnt, Max Horkheimer die Aufgabe der Religionen: Durch ihre Verkündigung und ihre Rituale sollen sie die Sehnsucht nach dem ganz Anderen in der Gesellschaft wachhalten. Damit leisten sie der Gesellschaft einen Dienst, der sie davor bewahrt, sich absolut zu setzen. Die Sehnsucht nach dem ganz Anderen wachzuhalten, ist die Bedingung, dass die Gesellschaft menschlich bleibt und darauf verzichtet, den verabsolutierenden Tendenzen von Wirtschaft und Politik Raum zu geben.

Während eines Osterkurses erzählte mir eine Studentin, sie käme deshalb so gerne nach Münsterschwarzach, weil es einer der wenigen Orte in der Kirche sei, an dem es nicht um die typisch kirchlichen Probleme wie »Papst und Pille« gehe, sondern um Gott. Die Menschen sehnen sich danach, dass wir ihnen helfen, ihre Sehnsucht nach Gott zu spüren und dieser Sehnsucht so zu folgen, dass sie Gott erfahren als das Geheimnis, das sie trägt.

Gott allein ist die Wahrheit

WUNIBALD MÜLLER: Was wirklich zählt, ist nicht, wie viele Kirchen wir haben, wie oft wir den Gottesdienst besuchen, wie viele religiöse Symbole wir aufweisen können. Worauf es ankommt, ist, Gott in unser Leben und unseren Alltag hereinzulassen, sei es am Arbeitsplatz, in der Partnerschaft, in der intimen oder oberflächlichen Begegnung, im Beten, im Dienst am Nächsten. Worauf es ankommt, ist, dass Gott in unser Leben und in unseren Alltag einbricht, die Trennung zwischen Heiligtum und Profanem überwunden wird. Es kommt darauf an, dass Gott nicht in die Kirchen oder Rituale eingesperrt wird, sondern in seiner Unermesslichkeit als allgegenwärtig wirkend erfahrbar wird.

Dann sind die Kirchen Einrichtungen und Orte, die akzentuieren, was immer schon ist, auch außerhalb von ihnen. Es sind Orte, die daran erinnern und dazu auffordern, Gott in unserem Alltag die Türen zu öffnen, sodass seine beseelende und heilende Kraft auf unser Leben – und dann eines Tages auch auf unser Sterben – einwirken kann. Das schließt für mich ein, steht in keiner Weise im Gegensatz dazu, an den Gott zu glauben, wie ich ihn durch meine Kirche kennengelernt habe. Im Gegenteil: Vor diesem Hintergrund kommt er erst richtig zum Leuchten und zum Strahlen.

Die Kirche trägt mit Sorge dafür, dass zum Beispiel der Rahmen der Eucharistiefeier gewährleistet wird. Die Kirche schafft Strukturen, die helfen sollen, die Beziehung zu Gott und zu Christus zu pflegen und die Konsequenzen, die sich daraus ergeben, aufzuzeigen und umzusetzen. Mir ist meine Zugehörigkeit zur katholischen Kirche wichtig. Ich bin ganz bewusst Katholik. Obwohl es so manches in der katholischen Kirche gibt, was mir nicht passt, ist das, was mir passt, um vieles mehr als das, was mich stört.

Meine Beziehung zu Gott pflege und lebe ich auch im Kontext meiner Kirche, vor allem in der Eucharistiefeier. Allein meine Beziehung zu Gott, meine spirituellen Erfahrungen sind nicht festgelegt durch den »katholischen Rahmen«. Sowenig sich Gott auf das reduzieren lässt, was die katholische Kirche ausmacht oder über ihn sagt, so wenig kann ich Gott, mein Verständnis von ihm und vor allem meine Erfahrung mit ihm, auf das beschränken, was eine Glaubensgemeinschaft vorgibt.

ANSELM GRÜN: Wenn es uns wirklich um Gott geht, dann verlieren die Diskussionen über die Zukunft der Kirche das penetrante Pochen auf Rechthaben. Keiner von uns hat die Wahrheit. Gott allein ist die Wahrheit. Wir können die Wahrheit nie besitzen, sondern uns ihr nur annähern. Auch Gott können wir nicht besitzen. Wenn wir uns diesem unbegreiflichen Gott öffnen und uns ihm hingeben, dann wird er uns auch konkrete Wege zeigen, wie wir in der Kirche mit der Frage nach den künftigen Strukturen gut umgehen können.

Entscheidend ist, dass es bei allen Fragen nicht um Macht und Machterhalt geht, sondern darum, dass Gott sich uns zeigt und dass die Menschen in ihrer Sehnsucht nach Gott angesprochen werden. Wenn Gott zum Mittelpunkt wird, kommt der Mensch in seine Mitte, findet auch die Kirche ihre Mitte, aus der heraus sie ihre Zukunft planen kann.

GOTT WIRD IN ALLEM OFFENBAR

Die spirituelle Erfahrung setzt unserem Leben die Krone auf

WUNIBALD MÜLLER: Wir haben uns jetzt schon recht lange über Gott unterhalten und sind dabei wie selbstverständlich von Gott und seiner Existenz ausgegangen. Doch – und ich finde es wichtig, sich immer wieder auch dieser Frage zu stellen – ist es nicht absurd, an Gott zu glauben? Die Vorstellung zu hegen, es gäbe so etwas wie Gott, der in unsere Gegenwart und Wirklichkeit hineinwirkt, es gäbe da eine *andere* Wirklichkeit, die auf unser Leben einwirkt, und das so kräftig, dass andere Einflüsse nicht dagegen ankommen können?

Das aber ist der entscheidende Punkt: Es geht darum, in die *Wirklichkeit Gottes* einzutreten und die *Wirklichkeit Gottes* in unsere Welt eintreten zu lassen. Gott als Wirklichkeit zu sehen, zu akzeptieren und dann in den unmittelbaren Kontakt mit ihm zu treten. Den Graben zu überwinden, der zwischen mir und Gott – anscheinend – besteht. Diesen »garstigen« Graben, wie ihn ein Philosoph einmal nannte.

Mir fällt dazu ein Gedicht von Rainer Maria Rilke (1986) ein, hier ein Auszug:

Du, Nachbar Gott

Du, Nachbar Gott, wenn ich dich manches Mal
in langer Nacht mit hartem Klopfen störe –
so ist's, weil ich dich selten atmen höre
und weiß: Du bist allein im Saal.
Und wenn du etwas brauchst, ist keiner da,
um deinem Tasten einen Trank zu reichen:
Ich horche immer. Gib ein kleines Zeichen.
Ich bin ganz nah.

Nur eine schmale Wand ist zwischen uns;
durch Zufall; denn es könnte sein:
ein Rufen deines oder meines Munds –
und sie bricht ein
ganz ohne Lärm und Laut.

ANSELM GRÜN: Ja, es ist nur eine schmale Wand zwischen Gott und uns. Gott ist immer da. Er ist die eigentliche Wirklichkeit, die uns umgibt, in der wir leben. Mich fasziniert die keltische Spiritualität, wie sie auch in die christliche Spiritualität Irlands eingegangen ist. Diese Spiritualität spricht von der allgegenwärtigen Präsenz Gottes in der Schöpfung.

Überall umgibt uns Gott. In allem umgibt uns Gott. Gottes Geist durchdringt die Meere und Flüsse, die Berge und Täler, die Steine und die Wiesen, die Wälder und die Quellen. Überall begegnet uns Gottes Liebe und Gottes heilende Gegenwart.

WUNIBALD MÜLLER: Da gibt es nichts in unserem Leben, was nicht auf irgendeine Weise von Gott beeinflusst und berührt worden ist. Die Mauer zwischen Gott und uns – es ist eine Mauer, die wir aufgerichtet haben oder immer wieder aufrichten – existiert für Gott nicht. Gott wirkt ungehindert in unser Leben hinein.

Es hängt von uns ab, ob wir Gott in unserem Leben entdecken. Ob wir alle Erfahrungen – die schönen und die schrecklichen, die Grenzerfahrungen und die Gipfelerfahrungen – als voneinander getrennte, nacheinander ablaufende Erfahrungen, die einfach passieren, betrachten, oder ob wir sie von Gottes Sein und Wirken her sehen, deuten und bewerten. Wenn wir das tun, werden sie in ihrer eigentlichen Bedeutung erkannt und durch die damit verbundene Sinngebung gekrönt. Sie werden zu einer spirituellen Erfahrung. Die spirituelle Erfahrung setzt unserem Leben die Krone auf. Ohne sie bliebe unser Leben ungekrönt.

»Damit in allem Gott verherrlicht werde«

ANSELM GRÜN: Der heilige Benedikt hat eine christliche Lebenskultur geschaffen. Ihm war es wichtig, dass die Menschen, die ein Kloster besuchen, in allem, was sie sehen, Gottes Gegenwart und den Geist Jesu Christi erkennen. Das beginnt schon beim Begrüßen. Der Abt soll vor dem Gast niederknien und in ihm Christus anbeten, der ja in jedem Menschen aufgenommen wird. Das zeigt sich in der Art des

Gottesdienstes, des Umgangs miteinander, in der Art, wie man das Kloster baut und die Anlagen pflegt, wie man isst und wie man arbeitet.

Es ist eine ständige Herausforderung, dass wir in allem, was wir tun, für Christus durchlässig sind. Indem wir das versuchen, entdecken wir, dass vieles in uns noch ungetauft ist, dass vieles nicht vom Geist Jesu durchdrungen ist, sondern doch vom Geist des Egos, der Macht, der Gier, der Maßlosigkeit.

WUNIBALD MÜLLER: Der Theologe Paul Tillich (in: Feldmann 2004, S. 57) schreibt:»Wenn ich gefragt werde, was der Beweis für den Sündenfall der Welt ist, pflege ich zu antworten: die Religion selber, nämlich eine religiöse Kultur neben einer Welt dieser Kulturen – ein Tempel neben einem Rathaus, das Abendmahl des Herrn neben einem täglichen Abendessen, das Gebet neben der Arbeit, Meditation neben Forschung, caritas neben eros ...« Dietrich Bonhoeffer hat dasselbe gemeint, als er forderte,»nicht religiös« über Gott zu reden und ihn nicht an den Rändern, sondern in der Mitte des Lebens zu suchen. Gott ist überall.

Eine Spiritualität, die sich nicht beschränken will auf gute, angenehme innere Erfahrungen, muss vor der Wirklichkeit des Alltags bestehen können, muss dort hineinwirken. Gott atmet in jedem Augenblick unseres Seins. Gott durchwirkt jeden Moment unseres Seins. Er haucht uns Leben ein, tanzt mit uns den kosmischen Tanz des Lebens beim Schlafen, bei der Arbeit, im Beten, beim Schwimmen, im Lachen und Weinen, bei der Erfahrung von Schmerz und Lust. So ist Gott immer präsent, immer wirkend, schaffend, gebärend. Ist das nicht wunderbar? Es ist wunderbar. Gott wird dadurch in unserer Vorstellung dorthin zurückgeholt, wo er ja immer schon ist: in unserem Leben, in unserem Alltag. Die Trennung, da Abendmahl, dort Abendessen, ist aufgehoben. Gott wird nicht länger zur sonntäglichen Nebensache herabgestuft oder in die Kirchen verbannt. »Gott ist der Grund, der Horizont und der Autor jeder Erfahrung« (Rolheiser 2004, S. 125).

ANSELM GRÜN: Der heilige Benedikt sieht als Ziel aller Arbeit, allen Betens, allen Strebens: »damit in allem Gott verherrlicht werde« – *ut in omnibus glorificetur Deus.* Er schreibt diesen Satz im Kapitel über die Handwerker. In der Arbeit der Handwerker soll Gott verherrlicht werden.

Er zählt die Bedingungen auf, damit die Handwerker sich nicht selbst in der Arbeit verherrlichen, sondern Gott. Da braucht es die Demut, die nicht mit den eigenen Fähigkeiten angibt, die Freiheit von Betrug und die Freiheit von Habsucht. Die Mönche sollen ihre Produkte immer etwas billiger verkaufen als die Weltleute. In diesem Verzicht auf den optimalen Profit wird Gott verherrlicht. In der Art und Weise, wie ich arbeite und handle, wird deutlich, dass es mir um Gott geht und nicht um mich und mein Ego.

Unser Novizenmeister Pater Augustin hat uns im Noviziat diesen Satz des heiligen Benedikt ausführlich erklärt. Er setzte ihn dem Grundsatz des heiligen Ignatius von Loyola entgegen, der seine Mitbrüder auffordert, »Gott in allem zu finden«. Pater Augustin meinte, im benediktinischen Grundsatz sei Gott das Subjekt, im ignatianischen der Mensch, wohingegen Gott das Objekt sei. An dieser Deutung ist sicher etwas richtig.

Mir scheint aber noch etwas anderes bedeutsam: Ich kann den Satz so übersetzen, dass Gott durch unser Tun verherrlicht wird, oder aktiv, dass wir Gott durch unser Handeln verherrlichen sollen. Ich kann aber den Satz auch anders deuten: Gott möge in allem, nicht nur in dem, was wir tun, sondern in allem, was ist – in der Blume, im Baum, in den Menschen, in der Stille, im Gebet, im Singen, in der Kunst –, offenbar werden. Gottes Ehre soll sichtbar werden in den Dingen. Der Begriff *doxa* hat in der Bibel immer auch die Bedeutung von göttlichem Lichtglanz. Wir sollen so mit den Dingen dieser Welt umgehen, dass wir in ihnen den göttlichen Lichtglanz entdecken, dass wir in ihm Gottes Herrlichkeit wahrnehmen, die schon in den Dingen dieser Welt ist.

Die Frage nach Gott ist daher für mich immer auch eine Frage nach der Welt. Mit welchen Augen schaue ich in die Welt? Sehe ich in allem Gottes Herrlichkeit, Gottes Glanz, Gottes Schönheit? Die Kunst wäre, so wie Jesus in allen Dingen Gottes Glanz zu entdecken. Wenn Jesus sich den wahren Weinstock nennt oder sich mit der Tür, dem Brot, dem Wasser vergleicht, dann weist er uns darauf hin, dass wir in den Dingen dieser Welt das Geheimnis Gottes entdecken können. Im Weinstock können wir erkennen, dass Gottes Liebe uns durchströmt. Im Brot können wir erleben, dass Gottes Wort uns nährt. Im Wasser entdecken wir, dass der Heilige Geist wie eine Quelle in uns strömt und uns erfrischt und stärkt.

WUNIBALD MÜLLER: Das weitet das Verständnis von Spiritualität. So ist jemand nicht nur dann spirituell, wenn oder weil er ein geistliches Amt innehat, sich Imam, Bischof,

Priester, Guru nennen lässt, in die Kirche geht, an einem Gottesdienst teilnimmt, von Gott spricht und sich auf Gott beruft. Auch die Person, die durch ihr Äußeres, etwa ihre Kleidung, in keiner Weise an etwas Geistliches erinnert, die nicht in die Kirche geht, um dort zu Gott zu beten, ihn zu verehren, die nicht von Gott spricht, kann eine zutiefst spirituelle Person sein, die in allem Gottes Herrlichkeit und Schönheit sieht. Sie mag ganz eigene Formen gefunden haben, in den Austausch mit Gott zu treten, lebt aus der erfahrenen Nähe Gottes, in der sie verankert ist.

Ich kann es daher auch gut verstehen, wenn Menschen sich nicht blenden lassen von Einrichtungen und Menschen, die mit dem Anspruch auftreten, spirituell zu sein, in ihren Worten und Taten aber weit davon entfernt sind. Menschen spüren – zumindest wenn sie gut hinsehen und auf ihr Inneres hören –, ob diese Personen ihrem Anspruch gemäß leben, also tatsächlich verankert sind in Gott oder nicht. Ob und wie sich ihre Spiritualität auf ihr Leben und ihren Alltag auswirkt und dazu beiträgt, die Grenzerfahrungen ihres Lebens bewältigen zu können, sich dem Sterben und dem Tod zu stellen.

Gott ist immer da

WUNIBALD MÜLLER: Gott ist nach meiner Überzeugung immer da, wie er schon immer da war und immer da sein wird. Er ist in einer Bar nicht weniger anwesend als in der Natur oder in einer Kirche. Aber wir sind nicht immer wach, innerlich eingestellt auf die Anwesenheit Gottes in uns und in unserem Leben. Gott lebt in uns und mitten unter uns. Gott lässt sich nicht zurückdrängen auf die Kirchen oder ausdrücklich religiöse Aktivitäten.

Gott schließt auch niemanden aus. Er ist für alle und alles da, für die ganze Schöpfung, die ganze Welt und alle Menschen: die Armen und die Reichen, die Gefangenen und die in Freiheit Lebenden, die seelisch und körperlich Kranken und die Gesunden, die Alten und Jungen, die Homosexuellen und die Heterosexuellen, die Herrschenden und die Obdachlosen. Entscheidend ist, dass wir Gott Einlass in unser Herz und in unsere Seele gewähren und er für uns in unserem Erkennen und Wahrnehmen anwesend ist.

ANSELM GRÜN: Ja, Gott ist immer da. Aber Gott ist nicht so da wie ein Freund, den ich sehe. Gott ist in seiner Unbegreiflichkeit da, als der, den ich nicht verstehe, der all mein Verstehen übersteigt, der mir manchmal auch dunkel erscheint. Karl Rahner, über den ich promoviert habe und dessen Theologie ich mich immer noch verpflichtet fühle, warnte immer wieder davor, Gott als zu klein zu sehen, Gott unseren menschlichen Maßstäben unterzuordnen, Gott als die Lösung aller Probleme und Fragen zu verstehen.

Darin, so meint er, stecke zwar ein Körnchen Wahrheit. Doch wir könnten das nur sagen, wenn wir Gott in seiner Unbegreiflichkeit sehen. Dieser unbegreifliche Gott umgibt mich immer und überall. Auf diesen unbegreiflichen Gott stoße ich, wenn ich in mich hineinschaue, wenn ich auf den Grund meiner Seele blicke. Denn auch sie ist letztlich unbegreiflich. Die Unbegreiflichkeit Gottes ist auch der Ort, an dem wir uns mit den Atheisten treffen. Denn wenn sie nicht einfach nur ihrer platten Rationalität glauben, sondern ihre Vernunft zu Ende denken, stoßen sie letztlich immer auch auf das Unbegreifliche. Und dann kommt es darauf an, ob wir das Unbegreifliche unseres Daseins als »leere Absurdität des Daseins« verstehen oder aber als die Unbegreiflichkeit Gottes, »die selig macht« (Rahner, Schriften zur Theologie Bd. 13, 1978, S. 127).

WUNIBALD MÜLLER: Gott ist da. Er ist anwesend. Auch in Kriegsgebieten. Inmitten von Schock und Schrecken, die sich allenthalben ausbreiten. Er lässt sich nicht vertreiben. Er ist da als der Unbegreifliche, der sich aller Zugriffe von außen entzieht, für alle aber zugänglich ist, die nach ihm verlangen und die ihn brauchen. Gott ist da bei den Menschen, die in Angst und Schrecken versetzt werden. Er ist bei den Männern, Frauen und Kindern, die voller Panik die Flucht ergreifen, soweit es noch möglich ist. Er ist bei den Soldaten, die um ihr Leben bangen.

ANSELM GRÜN: Der Gott, der in mir Schrecken hervorruft, das ist die eine Erfahrung Gottes. Die andere bezieht sich auf den Gott, der mitten in den Schrecken von Krieg, Terror und Naturkatastrophen gegenwärtig ist und mir zur Zuflucht vor dem Schrecken wird. Wenn ein Unglück über uns hereinbricht, dann haben wir oft das Gefühl, Gott habe uns verlassen, er habe sich zurückgezogen. Doch gerade dort, wo Gott abwesend zu sein scheint, weil er uns nicht als der Schützende und Bergende begegnet, sondern als der

Verborgene, käme es darauf an, an Gottes Gegenwart zu glauben. Dann könnte Gott ein Schutz und Schirm für uns werden.

Die Mönche sprechen davon, dass man sich gleichsam auf den Baum des Gebetes zurückziehen soll, um sich vor den wilden Tieren zu schützen, die einen zu zerreißen drohen. Mitten im Bombenterror an Gottes schützende Gegenwart zu glauben, ist nicht leicht. Aber wer es vermag, der erfährt selbst in traumatischen Erfahrungen noch einen Schutz, der ihn vor dem Trauma bewahrt.

WUNIBALD MÜLLER: Wir haben hier nur andeuten können, dass Gott alles durchwirkt, immer da ist, in seiner Unbegreiflichkeit da ist. Thomas Merton schreibt in einem Brief an die evangelische Theologin Rosemary Ruether (in: Tardiff 1995, S. 17): »Da gibt es ein wirkliches Gefühl von einer tiefer liegenden Wirklichkeit und ein Vertrauen darauf, nämlich ein Gefühl für die Anwesenheit Christi in unserer Welt und das Vertrauen, dass das so ist. Etwas, was ich für keinen Augenblick in Zweifel ziehe. Doch ist diese Anwesenheit dort, wo wir behaupten, dass sie ist? Wir zeigen mit den Fingern (in verschiedene Richtungen) und ich habe das schreckliche Gefühl, dass wir alle in die falsche Richtung zeigen.«

Manchmal wünschte ich mir, wir hätten etwas mehr von dieser Zurückhaltung und Demut, wenn wir von Gott sprechen, davon, wo er wohnt, was er meint, was er will, wo er wirkt, und so weiter. Je zurückhaltender wir dabei sind, je demütiger wir uns dabei verhalten, desto näher sind wir ihm dann vielleicht.

Teil IV

Grund meiner Hoffnung

Du
bist der Grund meiner Hoffnung
Du lebst als tiefes Geheimnis in mir

Kommen auch Tage des Zweifels
der Ungewissheit
wo vieles wie eine große Lebenslüge erscheint
so versuche ich
vertrauensvoll zu Grunde zu gehen

Weil Du
mich durch diese Verunsicherung
zur Quelle des Lebens führen wirst
damit in mir auch Schwäche und Ohnmacht leben dürfen

So wird mir nichts mehr fehlen
und ich finde Geborgenheit in Dir

Pierre Stutz (nach Psalm 23,1)

GOTT ERFAHREN

Gottes Anwesenheit und Wirken in unserem Leben wahrnehmen

WUNIBALD MÜLLER: Das eine ist, über Gott nachzudenken, über Gott zu reden. Das andere, Gott zu erfahren, seine Anwesenheit und sein Wirken in unserem Leben und Alltag wahrzunehmen. Ich gehe jedenfalls von Gottes Existenz aus, spreche zu ihm, bete zu ihm. Dabei kann ich gut verstehen, dass das andere nicht können, dass es für sie unredlich wäre und einfach nicht stimmen würde. Für mich ist es redlich, für mich stimmt es.

Dabei *weiß* ich nicht, ob es Gott gibt. Es gibt aber eine innere Gewissheit und ich folge meinem innersten Begehren, wenn ich zu ihm spreche und bete. Ich erfahre Gott dabei oft als einen Vertrauten, als ein »Du«. Doch das ist nicht immer so: Denn ich kenne ebenso Momente, in denen er mir fremd vorkommt, ich ihn als weit entfernt von mir erlebe oder gar als abwesend. Und dann gibt es diese Augenblicke, da ist er mir ganz nahe, ganz in mir, zu innigst da.

ANSELM GRÜN: Wir werden immer mit dieser Spannung leben müssen: Wir erfahren Gott und erfahren ihn nicht. Er zeigt sich uns, und er entzieht sich uns. Wir erleben Gott als »Du«. Und dann entschwindet uns das Gegenüber, die Personalität Gottes wird uns fremd. Es gibt dann auch Phasen, in denen uns der apersonale Gott anspricht, in denen wir etwas von Gott erahnen, wenn wir die Schönheit der Schöpfung betrachten, wenn wir eine innere Energie in uns spüren, wenn wir etwas Heiliges erleben, wenn uns in der Musik etwas Göttliches entgegentönt. Wir dürfen Gott nicht festlegen. Wir sollen uns selbst nicht unter Druck setzen. Wir müssen auch damit leben, dass wir eine Zeit lang gottlos oder gottfern leben, dass sich Gott im Dunkeln verbirgt.

»Ich suche Gott! Ich suche Gott!«

WUNIBALD MÜLLER: Was du sagst, erinnert mich an eine Aussage, die Hegel zugeschrieben wird. So soll er gesagt haben: »Schon als junger Philosoph in Tübingen habe ich gelehrt: Die Lebendigkeit, das Leben selbst, ist die innere Quelle, Gott zu erfahren. Ich lasse mich deswegen auch heute gern von der Musik von Johann Sebastian Bach ansprechen, weil sie so deutlich den Übergang des Menschen zu Gott und die Hinwendung Gottes zum Menschen ausdrückt« (in: Modehn 2009, S. 55).

Doch, so frage ich mich manchmal, sind wir überhaupt noch sensibel und empfänglich für die Gegenwart Gottes in unserer Zeit und in unserem Alltag? Der Theologe Johann Baptist Metz spricht von »Gottesverdunstung« und meint damit sicher auch, dass Gott in unserer Welt und in unserer Wahrnehmung eine immer geringere Rolle spielt. Bis dahin, dass sich Gott für uns – im wahrsten Sinne des Wortes – in Luft auflöst.

Auch ich glaube, dass uns mehr und mehr die Sensibilität für Gott, seine Existenz und sein Wirken verloren geht. Mir fällt eine Erzählung von Friedrich Nietzsche ein, die er in seinem Werk *Die fröhliche Wissenschaft* beschreibt: Ein Verrückter entzündet am helllichten Tag eine Laterne, rennt auf den überfüllten Marktplatz und schreit: »Ich suche Gott! Ich suche Gott!« Die Menschen lachen über ihn und fragen: »Ist er denn verloren gegangen? Hat er sich verlaufen wie ein Kind? Hält er sich versteckt? Fürchtet er sich vor uns? Ist er ausgewandert?« Da richtet der Verrückte sich auf und ruft: »Wohin ist Gott? ... Ich will es euch sagen! Wir haben ihn getötet – ihr und ich! Gott ist tot ... und wir haben ihn getötet!« Dann schweigt er und zertrümmert die Laterne.

Mich spricht dieser Text sehr an. Auch deshalb, weil Friedrich Nietzsche damit etwas sagt, was so sehr auf unsere Wirklichkeit zutrifft: Für viele Menschen ist Gott heute nicht länger eine Sinn und Trost spendende Kraft, die in ihren Alltag hineinwirkt. Gott ist für sie tot. Nicht, dass sie jetzt unbedingt die Existenz Gottes verneinen. Doch Gott ist ihnen nur außen, an der Oberfläche, begegnet, er ist ihnen aber nicht aus der eigenen Seele entgegengetreten und deshalb für ihre Wahrnehmung nicht zugänglich.

Mir fallen in diesem Zusammenhang folgende Worte C.G. Jungs (1972, S. 25) ein: »Zu wenige haben es erfahren, dass die göttliche Gestalt innerstes Eigentum der eigenen Seele ist. Ein Christus ist ihnen nur außen begegnet, aber nie aus der eigenen Seele entgegengetreten; ... solange die Religion nur Glaube und äußere Form ... ist, so ist nichts Gründliches geschehen.«

ANSELM GRÜN: Das Problem ist sicher, dass für viele Menschen Gott wirkungslos geworden ist. Sie nehmen ihn nicht wahr. Man spricht über Gott wie über ein interessantes Thema. Aber es geht uns nichts an. Es verändert unser Leben nicht. In frühen Zeiten hat man über Gott gesprochen und spürte zugleich seine Wirkung. Friedrich Nietzsche ist ja nicht glücklich darüber, dass wir Gott getötet haben. Er leidet darunter. Er weiß, dass dadurch die Welt kälter wird.

Sicher ist der »Tod Gottes« auch eine Chance. Denn wir haben den Gott getötet, den wir missbraucht haben, um Menschen kleinzuhalten und ihnen Angst zu machen. Aber wir dürfen das Kind nicht mit dem Bade ausschütten. Vielmehr sollten wir Ausschau halten nach dem Gott, der uns – nach dem Wort von Paul Tillich, das du zitiert hast – unbedingt angeht, über den wir nicht sprechen können, ohne dass wir selbst davon berührt sind.

Die Worte Nietzsches, der ja ein sehr feines Gespür für die Nöte der Menschen hatte und selbst an seinem Hin und Her zwischen Glauben und Unglauben litt, sind für uns eine ständige Herausforderung. Nietzsche gibt selbst die Antwort auf seinen Text über den Tod Gottes. Er meint: »Wo Verzweiflung und Sehnsucht sich begatten, da ist Mystik.« Wenn Gott tot ist für uns, dann führt uns das in die

Verzweiflung. Doch wenn wir nicht in der Verzweiflung stecken bleiben, sondern sie mit unserer Sehnsucht verbinden, dann entsteht Mystik, dann springen wir hinein in eine Erfahrung, die wir nur mit Mystik beschreiben können. Es ist keine Sicherheit über Gottes Existenz. Aber es ist eine Ahnung, dass unsere Verzweiflung nur geheilt werden kann, wenn wir auch der Sehnsucht unseres Herzens trauen, dass da ein Gott ist.

»Gott ist in uns, aber wir befinden uns außerhalb unserer selbst«

WUNIBALD MÜLLER: Erklärt die abnehmende Sensibilität für Gottes Anwesenheit in unserem Leben und in unserer Welt nicht auch die zunehmende Ruhelosigkeit, die unser Leben zu beherrschen scheint? Wir haben den inneren Bezug verloren zu dem, was uns trägt und hält. Wir machen nicht länger die Erfahrung, Teil eines Größeren zu sein. Wir gehen auf in den alltäglichen Sorgen für unseren Unterhalt, die Familie, unsere Gesundheit. Wirtschaftliche und politische Krisen verstärken unsere Sorgen und Ängste. Wir müssen uns noch mehr anstrengen, noch mehr leisten, noch mehr tun.

Uns bleibt immer weniger Zeit, innezuhalten, uns zu zentrieren und das zu beherzigen, was Karl Valentin auf humorvolle Weise einmal so ausdrückte: »Heute besuch ich mich, hoffentlich bin ich zu Hause!« Solange wir aber nicht immer wieder bei uns zu Hause sind, bei uns einkehren, mit unserem Innersten, mit unserer Tiefe, unserer Seele Kontakt aufnehmen, solange werden wir auch nicht sensibel und wach sein für die Anwesenheit Gottes in uns und in unserem Leben. Der heilige Augustinus sagte: »Gott ist in uns, aber wir befinden uns außerhalb unserer selbst.« Wie können wir da Gott erkennen, erfahren, sensibel werden für seine Anwesenheit?

ANSELM GRÜN: Meine Erfahrung ist: Wer mit sich selbst nicht in Berührung ist, kann auch mit Gott nicht in Berührung kommen. Wer sich selbst nicht spürt, vermag Gott nicht zu spüren. Da wir mit uns selbst oft nicht in Beziehung stehen, können wir auch keine Beziehung zu Gott aufbauen. Das haben die frühen Kirchenväter schon gewusst. Sie sehen eine enge Beziehung zwischen der Beziehung zu uns selbst und zur Beziehung zu Gott. So sprach Cyprian von Karthago: »Wie kannst du von Gott verlangen, dass er dich hört, wenn du dich selbst nicht hörst? Du willst, dass Gott an dich denkt, und du selbst denkst nicht an dich.« Wer auf sich selbst nicht hört, wer kein Gespür hat für die leisen Impulse seines Herzens, der kann auch keine Beziehung zu Gott aufbauen. Wer nicht bei sich zu Hause ist, der kann auch Gott nicht in seinem Inneren finden.

Eine andere Erfahrung drückt der Schriftsteller Evagrius Ponticus († 399/400) so aus: »Willst du Gott erkennen, so lerne dich vorher selbst kennen.« Lange vor ihm lässt Clemens von Alexandrien († 211) den Menschen von der Selbsterkenntnis zur Gotteserkenntnis aufsteigen: »Es ist also, wie es scheint, die wichtigste von allen Erkenntnissen, sich selbst zu erkennen; denn wenn sich jemand selbst erkennt, dann wird er Gott erkennen.«

Wenn wir uns selbst nicht erkennen, können wir Gott nicht erkennen. Unser Reden von Gott bleibt dann nur äußerlich. Wir sprechen von Projektionen, die wir auf Gott richten. Aber wir begegnen nicht dem wirklichen Gott. Wenn daher einer ständig Gott infrage stellt, habe ich wenig Lust, ihm zu beweisen, dass Gott existiert. Ich spreche dann lieber über ihn selbst und frage: »Erkennst du dich wirklich? Worauf stößt du, wenn du in dich hineinschaust? Stößt du da nur auf dein Ich? Oder gibt es in dir nicht einen Grund, der größer ist als du?«

Wo entdecke ich Gott in alledem?

WUNIBALD MÜLLER: Vielleicht hat die Frage nach Gott, die mich mein ganzes bisheriges bewusstes Leben lang beschäftigt hat, mit diesem Grund in mir, der größer ist als mein bewusstes Ich, zu tun. Wenn ich in meinen Tagebüchern nachlese, so geht es darin bei meinen Versuchen, die Geschehnisse in meiner kleinen persönlichen Welt und dann die in der großen Welt zu verstehen, immer wieder um die Fragen: Was hat das mit Gott zu tun? Was will mir Gott damit sagen? Wo entdecke ich Gott in alledem? Es scheint mir, als würde ich das alles in einen weiteren Horizont einbetten oder vor dem Hintergrund einer größeren Tiefe her verstehen wollen.

ANSELM GRÜN: Auch ich bin dankbar, dass ich seit meiner frühen Kindheit letztlich immer um Gott gekreist bin. In unserer Familie war Gott selbstverständlich. Meine Eltern sind täglich in die Eucharistiefeier gegangen. Wir haben schon als kleine Buben mit Begeisterung ministriert. Es war immer klar, dass es Gott gibt. Diese Sicherheit ist später immer wieder infrage gestellt worden. Ich musste mir klar werden, ob ich an Gott glaube oder an eine Projektion. Aber trotzdem kreiste ich auch mit meinen Zweifeln um Gott.

Den Unterschied habe ich festgestellt, als mir ein junger Mann erzählte, dass er sich durch eine tiefe spirituelle Erfahrung Gott zugewandt habe. Sein Vater aber wolle von Gott nichts wissen und mache Gott nur lächerlich. Dieser junge Mann ist von Gott berührt worden. Aber die negative Einstellung seines Vaters verunsicherte seine Gottesbeziehung immer wieder neu. Er erlebte seine Gottesbeziehung als brüchig. Bei mir war von Anfang an ein festes Fundament. Wenn das dann etwas erschüttert wird, fällt das Haus des Glaubens nicht sofort in sich zusammen. Vielmehr ist es eine Herausforderung, sich neu klar zu werden, wer dieser Gott für mich ist.

WUNIBALD MÜLLER: Ich war schon relativ alt, als ich zum ersten Mal ernsthafte Zweifel an der Existenz Gottes hatte. Ich sehe mich heute noch, wie mich diese Zweifel – ich studierte damals in Berkeley in Kalifornien – total erschütterten. Was ist, so fragte ich mich, wenn ich mir da bisher nur etwas vorgemacht habe? Wenn nun Gott tatsächlich nicht existiert? Solche und ähnliche Fragen quälten mich, brachten mich an den Rand der Verzweiflung.

Später, als ich Thomas Merton in seinen Büchern begegnete, faszinierte mich, wie er in bestimmten Situationen immer wieder darauf aufmerksam macht, dass jetzt Gott in diesem Raum anwesend und dies das Entscheidende sei. Was mich so anspricht, sind vor allem die Selbstverständlichkeit, mit der er davon ausgeht, und die Überzeugungskraft, die von ihm selbst ausgeht, wenn er das sagt. In gewisser Weise geht es mir heute ähnlich, wenngleich ich auch Phasen kenne, in denen ich Gott als abwesend erfahre, was aber natürlich noch einmal etwas anderes ist. Denn auch dann, davon bin ich überzeugt, ist er präsent.

ANSELM GRÜN: Für mich ist es auch selbstverständlich, dass Gottes heilende und liebende Gegenwart mich immer und überall umgibt – in jedem Raum, während des Gespräches mit den Mitarbeitern, bei Vorträgen, beim Autofahren. Aber ich muss mich immer wieder neu daran erinnern, dass Gott die eigentliche Wirklichkeit ist. Im Alltag gerät Gottes Gegenwart oft aus dem Blick. Dann tue ich so, als ob es Gott nicht gäbe. Daher sind für mich Rituale wichtig, die mich daran erinnern, dass Gott die eigentliche Wirklichkeit ist.

Als Kind habe ich erlebt, wie mein Vater immer, wenn er an einer Kirche vorbeiging, den Hut zog. Das war für ihn ein Ritual, das ihn erinnerte, dass Gott die eigentliche Wirklichkeit seines Lebens ist. Das hat mich sehr beeindruckt. Ich wusste um den tiefen Glauben meines Vaters. Er ist mit 24 Jahren – ohne Geld und ohne Arbeit – einfach ins katholische Bayern gezogen, weil er in einer Gemeinschaft Glaubender leben und an katholischen Feiertagen nicht arbeiten wollte.

WUNIBALD MÜLLER: Auch für mich sind Rituale wichtig, um mir Gottes Gegenwart in meinem Alltag wachzurufen. Am Morgen ist es oft ein Psalm, den ich bete, zur Mittagszeit nehme ich am Mittagsgebet der Mönche in der Klosterkirche teil und am Abend vor dem Schlafengehen verweile ich kurz vor der Ikone, die in der Gebetsecke meines Arbeitszimmers hängt. Und wenn am Freitagnachmittag die Glocken läuten zur Erinnerung an Jesu Tod, halte ich für eine Weile inne.

Für mich stand in den letzten Jahren aber nicht mehr die Frage im Vordergrund, ob Gott da ist oder was dieses oder jenes mit ihm zu tun hat. Mein Fragen ist einer inneren Gewissheit gewichen, dass Gott da ist, auch wenn er mir immer wieder fern erscheint. Doch natürlich beschäftigt mich Gott weiterhin. Gott, dessen Anwesenheit ich in meinem Inneren verspüre. Gott, den ich im Beten, in vielen privaten und beruflichen Begegnungen erfahren darf. Gott, den ich manchmal in der Kirche, der ich angehöre, aber auch in anderen Glaubensgemeinschaften entdecke. Den ich vor allem aber dort entdecke, wo er nicht greifbar, verfügbar, »machbar« ist. Dort, wo er ein Geheimnis bleibt, zugleich aber auch auf unnachahmbare und geheimnisvolle Weise in mir und unter uns lebt und wirkt.

ANSELM GRÜN: Früher habe ich mit Gott oft konkrete Bilder verbunden: der weise Vater, der mütterliche Gott, der Gott, der mich antreibt, meine Fehler zu überwinden. Diese Gottesbilder tauchen auch jetzt oft noch auf. Sie sind legitim. Dennoch wird mir das Wort, mit dem Karl Rahner Gott vor allem beschreibt, zunehmend wichtiger: als Geheimnis. Gott ist das Geheimnis, das mich umgibt, das Geheimnis, das in mir wohnt. Weil Gott, das Geheimnis, in mir wohnt, kann ich auch bei mir selbst zu Hause sein.

Wenn ich mit Menschen über den Glauben an Gott spreche, dann frage ich immer, ob sie einen Sinn für das Geheimnis haben oder ob sie alles erklären können. Wer offen ist für das Geheimnis, der ist letztlich auch offen für Gott, auch wenn er kein konkretes Gottesbild hat. Das Geheimnis Gottes ist unbegreiflich, oft genug verborgen. Aber manchmal tritt mir aus diesem Geheimnis heraus das Bild eines leuchtenden Antlitzes entgegen, eines liebenden Du, das mich persönlich meint.

Gott als Grund unseres Lebens

WUNIBALD MÜLLER: O ja, das kenne ich, und wenn ich es über eine längere Zeit nicht erfahre, dann sehne ich mich danach und bin beglückt, wenn es mir widerfährt. Denn die entscheidende Größe, die für mich letztlich zählt und um die es nach meiner Überzeugung auch letztlich in der Beziehung zu Gott geht, ist die *Erfahrung*. Es geht darum, Gott zu erfahren, ihm in der Tiefe meiner Seele und in der Wirklichkeit des Alltags zu begegnen.

Hermann Hesse (2003, S. 263ff.) schreibt in einer Weihnachtsgeschichte: »... über alle Wandlungen, Krisen, Erschütterungen und Wiederbesinnungen unseres privaten Lebens wie unsrer Epoche hinweg, hat sich in uns ein Kern erhalten, ein Sinn, eine Gnade, nicht an irgendein Dogma der Kirchen oder der Wissenschaften, sondern an das Vorhandensein einer Mitte, ... ein Glaube an die Erreichbarkeit Gottes von eben diesem innersten Kern unseres Wesens aus, an die Koinzidenz dieses Zentrums mit der Gegenwart Gottes.«

Darum geht es: Gott als Grund meines Lebens zu erfahren. Denn die Lehre einer Kirche über Gott würde zur Leere, wenn die Dimension der Erfahrung wegfiele. Für den evangelischen Theologen Paul Tillich macht es nur dann Sinn, von Gott zu reden, wenn es auf menschliche Erfahrungen bezogen bleibt, wobei für ihn wichtig ist, diese Erfahrung zu ihrer Tiefendimension hin zu befreien. Das heißt: Religion ist dann weder ein System von Lehren über Gott und die Welt noch ein nur für Insider betretbares Labyrinth von Regeln und Gebräuchen.

ANSELM GRÜN: In der Begegnung mit suchenden Menschen erlebe ich immer wieder, dass sie sich nicht begnügen mit dem Gott, über den wir gescheite Worte sagen. Sie möchten Gott erfahren. In meinen Jugendkursen habe ich immer diese tiefe Sehnsucht der jungen Menschen gespürt, dass sie Gott erfahren wollen. Mit den Teilnehmern und Teilnehmerinnen meiner Kurse mache ich immer auch Übungen, die helfen sollen, Gott zu erfahren. Aber zugleich versuche ich den Menschen zu vermitteln, dass wir uns nicht unter Erfahrungsdruck setzen dürfen.

Wir können die Erfahrung Gottes nicht erzwingen. Manchmal entzieht sich Gott. Es gibt Zeiten der Erfahrung und Zeiten der Nicht-Erfahrung. Beides gehört zum Glauben. Manchmal müssen wir uns begnügen mit der Sehnsucht nach Gott, die wir in unserem Herzen spüren. Die Sehnsucht ist die Spur, die Gott in unser Herz gegraben hat. Wir können sie immer spüren. In der Sehnsucht nach Gott ist schon Gott. So können wir zumindest die Spur Gottes in unserem Herzen erfahren.

WUNIBALD MÜLLER: Ich glaube, wenn Gott als eine Kraft erfahren wird, die konkret und direkt in unser Leben hineinwirkt, werden Menschen offen sein für Gott. Ich vernehme bei vielen Menschen eine große Sehnsucht nach etwas, das sie wirklich trägt und hält. Das gilt vor allem auch – aber nicht nur – in Zeiten ihres Lebens, in denen das, was sie bisher getragen hat, in die Brüche geht, sie mit ihrer eigenen Weisheit nicht mehr weiterkommen.

Ist es da nicht einzigartig und faszinierend, dass es inmitten all unserer Sorgen und Ängste, angesichts einer Welt, die aus den Fugen zu geraten droht, ein Angebot gibt von etwas Unzerstörbarem, das uns Halt gibt und Sinn vermittelt, etwas, in das wir uns verankern können. Für mich ist das Gott, das unbeschreibliche große Geheimnis. Es liegt an uns, ob wir dieses Angebot annehmen, uns die Zeit nehmen, in unsere Tiefe einzutauchen, um mit Gott und dem Göttlichen in und um uns in Berührung zu kommen.

ANSELM GRÜN: Viele klagen, dass sie Gott nicht erfahren können. Aber die eigene Brüchigkeit erleben sie als schmerzlich. Wenn ich nun meine Brüchigkeit annehme, dann spüre ich zugleich in mir eine tiefe Sehnsucht nach etwas, das mir festen Halt gibt, nach etwas Konsistentem. Pierre Teilhard de

Chardin hat ja schon als Kind nach dem Konsistenten gesucht. Er sammelte begeistert Eisen, das man nicht brechen konnte. Doch als es zu rosten anfing, sammelte er Kristalle. Er wollte etwas finden, das ihm festen Grund gibt.

Gott ist so ein fester Grund, der mich in meiner Brüchigkeit auffängt. Ich kann nach Gott Ausschau halten. Genauso kann ich aber auch mehr auf mich und meine Brüchigkeit schauen. Dann erkenne ich in mir und in meiner Gebrochenheit die Spur von etwas, das in sich fest und konsistent ist, das mir Halt und Sicherheit verleiht. Natürlich kann ich sagen, das würde ich mir nur einreden, damit ich meine Brüchigkeit aushalte. Wenn ich mir aber diese Möglichkeit eingestehe, so ist in mir doch das innere Wissen stärker: Ich traue dem Gott, der das Brüchige meines Lebens zusammenhält, der mir in meiner Gebrochenheit Halt verleiht. Ich vertraue auf Gott als dem Felsen, auf den ich mein Lebenshaus bauen kann.

WUNIBALD MÜLLER: Mir fällt hier der Vergleich mit der Ozonschicht ein, die uns umgibt und uns vor schädlicher Sonneneinstrahlung schützt. Im Unterschied zur wirklichen Ozonschicht ist diese Ozonschicht, die uns umgibt, wenn wir eingebettet sind in Gott und uns als Teil eines Größeren erfahren, unzerstörbar. Was auch immer in und um uns herum geschieht, was auch immer in und um uns herum zusammenbricht: Gott bleibt bestehen. Er bleibt um uns herum, bei uns und in uns. Auf immer und ewig.

Wie ein Stück Ewigkeit inmitten all des Trubels, so wirkt der Stephansdom in Wien mit seinem imposanten Turm, der in den Himmel ragt, umgeben von dem geschäftigen Treiben, das typisch ist für den Kern einer Weltstadt, die von überallher Menschen anlockt. Doch die Baugerüste, die einen freien Blick auf den Turm verhindern, erinnern daran, dass selbst dieses Stück Ewigkeit der Vergänglichkeit unterliegt.

Allein Gott ist unvergänglich. Er allein hat Bestand. Sonst nichts. So wichtig und heilig es uns auch sein mag. Erst, wenn wir das in der Tiefe unseres Herzens erkannt haben, beginnen wir zu erahnen, was es heißt, wesentlich zu sein und wesentlich zu leben. Die kleinen und die großen Stars, die im großen Medienzirkus im Gewand des Künstlers, Politikers oder Gurus ihren Auftritt haben, schrumpfen dann auf ihre wahre Bedeutung zusammen. Alle unsere eigenen kleinen und großen Eitelkeiten lösen sich in Nichts auf. Und da ist dann entscheidend, was unser Grund ist. Sind es die kurzlebigen Eitelkeiten oder ist es Gott?

Es hängt von uns ab, welchen Weg wir einschlagen. Wir können den Weg der Aufblähung gehen, den Weg der Heißluft, die uns zwar für einen Moment nach oben trägt, aber schnell wieder aufgebraucht ist. Oder wir können den Weg beschreiten, der zu jener Erfahrung führt, jetzt schon an das Grenzenlose, an Gott angeschlossen zu sein, der unzerstörbar und ewig ist.

ANSELM GRÜN: Mich fasziniert das Bild, das Jesus für den Menschen gebraucht, der klug ist und aus dem Glauben lebt: Er hat sein Haus auf Fels gebaut und nicht auf den Sand der Illusionen. Wenn ich mein Lebenshaus auf den Sand der Illusionen baue, um bei allen beliebt und immer erfolgreich zu sein, dann wird es sofort zusammenbrechen, sobald ich

Kritik erfahre oder ein Misserfolg mich erschüttert. Nur wenn ich mein Haus auf Gott baue, ist es auf festem Fels gebaut. Es wird nicht zusammenfallen, auch wenn Stürme es erschüttern und Wasserwogen dagegen anrollen. Ich stelle mir immer vor, dass auf dem Grund meiner Seele Gott wohnt. Er ist der Grund meines Lebens. Wenn ich auf diesem Grund stehe, dann falle ich nicht so leicht um. Dann kann mich nicht so leicht ein Leid oder Missgeschick aus meiner Mitte herauswerfen.

WUNIBALD MÜLLER: Wenn es mir gelingt, mich in Gott zu verankern, darf ich die Erfahrung machen, inmitten meiner Ängste und Sorgen, an Gott angeschlossen, Teil eines Größeren zu sein. Aus dieser Erfahrung heraus erwachsen mir Sinn, Halt und ein Gespür für das Wesentliche. Ich besinne mich auf mein Kerndasein, das mehr ist als meine Karriere, meine Gesundheit, ein dickes Bankkonto, erfüllende Beziehungen oder gesellschaftliches Ansehen. Das alles kann verschwinden, doch ich existiere weiter. Ich verzweifle dann nicht, gebe die Hoffnung nicht auf, dass es für mich weitergeht, ich auch wieder bessere Zeiten erleben darf. Verankert in Gott, spüre ich, dass bei allem, was ich leisten kann und tun muss, eine geheimnisvolle Kraft heilend in mein Leben und meinen Alltag hineinwirkt.

Die Erfahrung des Heiligen

ANSELM GRÜN: Was du mit dem Angeschlossensein an das Grenzenlose, an Gott, bezeichnest, erinnert mich an das, was Peter Schellenbaum in seinem Buch *Im Einverständnis mit dem Wunderbaren* geschrieben hat. Das Wunderbare ist für Schellenbaum eine Chiffre für das Geheimnis des Seins, letztlich für das Göttliche. »Alles Neue fängt mit dem Wunder einer Offenbarung an, aber einer Offenbarung, die keinen Glaubensakt, sondern bloße Aufmerksamkeit fordert« (Schellenbaum 2000, S. 21). Das Wunderbare ergreift uns und »verströmt den Glanz einer unmittelbar erfahrenen Wahrheit«.

Das Wunderbare ergreift uns. Wir erleben es unmittelbar in unverstellter Direktheit. Es bricht überraschend und unerwartet in unser Leben ein. Wir selbst können es nicht beeinflussen. Es geschieht einfach mit uns. »Das Wunderbare sprengt Grenzen des bisherigen Erlebens, Denkens, Fühlens und Handelns«, meint Schellenbaum weiter. Es ist ein mystisches Erleben, das wir nicht auf einen logischen Diskurs reduzieren können. Es kann nur in Wundergeschichten weitererzählt werden. Das Wunderbare erscheint für uns wie ein Wunder.

WUNIBALD MÜLLER: Das Wunderbare, das uns ergreift, ist für mich die Erfahrung des Heiligen, das, so der evangelische Theologe Rudolf Otto, als *mysterium tremendum et fascinosum* mit einem großen Schrecken und einer großen Faszination einhergehen kann. Es ist die Verbindung von Erschaudern und Ergriffensein, die dazu führt, dass uns in der Begegnung mit dem Heiligen, dem Geheimnisvollen Furcht und Scheu befallen. Die Begegnung mit dem ganz Anderen, einer höheren Macht, lässt uns erzittern. Wie wir erzittern angesichts von Naturgewalten oder eines Bombenhagels, der das Leben Tausender Menschen bedroht und eine Feuersbrunst entfacht, der sie hilflos ausgesetzt sind. Es ist aber auch das innere Ergriffensein, wenn wir die Nähe des Heiligen spüren oder erahnen. Religion hat, wer das Heilige empfindet, sagt der Religionsphilosoph Walter Schubart.

ANSELM GRÜN: Das Heilige ist für mich ein wichtiger Begriff, der den Menschen von heute eine Ahnung von Gott vermittelt. Jeder Mensch, auch wenn er nicht kirchlich gebunden ist, hat ein Gespür für das, was ihm heilig ist. Für den einen ist der Urlaub heilig, für den anderen der morgendliche Cappuccino. Heilig ist für die Griechen das, was der Welt entzogen ist. Wir sehnen uns in unserer säkularisierten Welt nach Orten des Heiligen, nach Orten, an denen wir dem Terror der Welt entzogen sind. Für die Griechen vermag allein das Heilige zu heilen. Dort, wo ein heiliger Raum ist, eine heilige Zeit, können wir aufatmen, werden wir frei. Dort hat kein Mensch Macht über uns. Das ist heilsam für uns.

DER MYSTISCHE WEG – VEREINIGUNG MIT GOTT

Gott ist persönlich und überpersönlich

WUNIBALD MÜLLER: In seinen Tagebüchern setzte sich Thomas Merton mit dem Zen-Buddhismus auseinander, den er sehr schätzte. Für ihn bleibt es aber dabei, dass Gott die Liebe ist und Gott ganz persönlich ihn liebt. Ich finde mich mit meiner Überzeugung und meinen Erfahrungen in seiner Aussage wieder: Für mich ist die personale Beziehung zu Gott Kern, Grundlage meiner Gottesbeziehung. Ich kann mich hineinversenken in die Tiefe meines Seins, zumindest versuche ich immer wieder, mich im Meditieren, so gut es geht, leer zu machen, um Platz zu schaffen für Gott, der als tiefes Geheimnis in mir lebt und zu dem ich als mein großes Du in Beziehung trete.

Thomas Merton erwähnt in seinen Tagebuchaufzeichnungen auch einen jungen Mann, der in einem Brief Meditation als narzisstisches Gehabe abtut. Das ist natürlich absurd. Das wäre es nur, wenn es bei der Versenkung in sich hinein bliebe, wenn das Sich-Versenken uns weniger liebes-fähig, weniger empfänglich und sensibel für unsere Mit-menschen machen würde. Entscheidend ist daher nicht, ob wir meditieren oder nicht. Entscheidend ist, ob wir durch das Meditieren liebesfähiger werden.

ANSELM GRÜN: Heute meinen ja viele Menschen, Gott sei apersonal. Gerade spirituell suchende Menschen, die dem Buddhismus nahestehen, schwärmen davon, dass sie den persönlichen Gott hinter sich gelassen haben und sich nur noch auf das Göttliche einlassen, das sie in allem erken-nen. In jeder Aussage steckt natürlich ein Körnchen Wahr-heit. Wir haben Gott manchmal zu klein gesehen und ihn zu sehr in das Bild einer menschlichen Person gepresst. Wenn wir von Gott als Person sprechen, dann übersteigt das unseren Personbegriff. Die theologische Diskussion um das Geheimnis des einen Gottes in drei Personen spricht ja im Griechischen nicht von Person, sondern von *hypóstasis,* also von drei »Seinsweisen«.

Für mich ist Gott immer beides: persönlich und über-persönlich. Es gibt Phasen, in denen ich Gott mehr als die Liebe, als die Energie, als die Schönheit, als die Kraft, als die Weite und als die Freiheit erlebe – das alles sind apersonale Begriffe. Aber ich darf Gott nie darauf festlegen. Gott be-gegnet mir aus der Unbegreiflichkeit seines Seins immer wieder als das Du, das mir entgegentritt.

Tiefe Verbundenheit und Dialog mit Gott

WUNIBALD MÜLLER: Darin liegt doch auch ein Reichtum. Wer sich auf Zen einlässt, erfährt einen Hauch von Ewigkeit, das ganz Andere, das Numinose, das, was unser Begreifen übersteigt. Doch zugleich ist das, was ich erfahre, wirklich. So formuliert es der Jesuit Niklaus Brantschen (2003, S. 44f.). Was er sagt, spricht mich an. Es sind Erfahrungen, die ich auch immer wieder mache und die mir als spirituelle Erfahrungen wichtig sind, ohne dass ich mich dem Weg des Zen verschrieben habe. Es sind Erfahrungen, die ich mache in der Meditation, angesichts eines erhabenen Sternenhimmels, beim Eintauchen in die Welt und Atmosphäre meiner Träume.

Pierre Stutz schreibt in seinem Mystikbuch *Geborgen und frei. Mystik als Lebensstil* (2009, S. 75f.) über die Beziehung zu Gott: »Mir ist beides wichtig, die tiefe Verbundenheit und der dialogische Aspekt. Denn ein Liebesgeschehen lebt für mich von einer Wechselwirkung, von Nähe und Distanz oder, wie Pierre Teilhard de Chardin es treffend sagt: ›Liebe differenziert.‹ Darum wird mir auch nicht warm ums Herz, wenn Pater Willigis Jäger – von dem ich durch seine Bücher viel gelernt habe – einen mystischen Weg verdichtet in den Worten ›die Welle ist das Meer‹. Dieses Aufgehen im Einen kann ich nicht absolut setzen, weil es nicht meiner Lebenserfahrung und meiner Sehnsucht entspricht.«

Es gibt, so Pierre Stutz weiter, eine »Unendlichkeitsmystik« und eine »Persönlichkeitsmystik«: »Beim Ersten ist die Gottheit die Einzige Wirklichkeit, das grenzenlose Meer, in dem das individuelle Selbst aufgeht wie ein Tropfen. In der

Persönlichkeitsmystik wird die Beziehung zwischen Mensch und Gott, zwischen Geschöpf und Schöpfer hervorgehoben. Beide Typen ergänzen sich.« Das ist ein Ansatz, der mir zusagt. Vielleicht liegt darin auch eine Anregung, Einseitigkeiten zu verhindern oder zu überwinden, bis dahin, dass die Vorliebe für den einen oder anderen Weg auch Rückschlüsse zulässt über unser Selbstbild und mögliche notwendige oder empfehlenswerte Korrekturen.

Das Ich wird am Du

ANSELM GRÜN: In der geistlichen Begleitung ist mir deutlich geworden, dass das Gottesbild und das Selbstbild immer miteinander korrespondieren. Ich frage mich, ob Menschen, die Gott nur apersonal sehen, nicht mit ihrem eigenen Personsein und mit ihrer Beziehungsfähigkeit zu anderen Personen Probleme haben.

Das Gespräch mit einem Psychologen hat mir das neu vor Augen geführt. Er hatte lange auch im buddhistischen Bereich gesucht. Nun wendet er sich neu seinen christlichen Wurzeln zu. Er erzählte mir von Klienten, die davon schwärmten, mit dem Göttlichen zu verschmelzen – nicht mit Gott als einem Gegenüber. Er meinte, oft würden sie damit nur ihre Beziehungsunfähigkeit religiös überhöhen. Anstatt ihre Beziehungsunfähigkeit zu betrauern, überspringen sie sie. Sie kompensieren ihre Beziehungsprobleme, indem sie sich in eine apersonale Spiritualität hineinflüchten.

Doch diese Form der Spiritualität heilt ihre Wunde nicht. Vielmehr ist es eine Kompensation. Sie weigern sich, sich ihrer Sehnsucht nach Beziehung zu stellen. Stattdessen stellen sie sich über die Menschen: Die Menschen, die sich nach Beziehung sehnen, hätten ja keine Ahnung von Spiritualität. Sie sind auf einem niedrigeren spirituellen Niveau. Indem sie sich als etwas Besonderes fühlen, brauchen sie sich dem Schmerz ihrer Beziehungsunfähigkeit nicht zu stellen. Ich spüre, wie ich ärgerlich werde, wenn diese spirituellen Menschen dann auf uns herabschauen, die wir ja noch nicht so weit sind und daher noch einen personalen Gott brauchen.

WUNIBALD MÜLLER: Ich halte es hier mit Martin Buber. Er schreibt in *Ich und Du* (1974, S. 95): »Man findet Gott nicht, wenn man in der Welt bleibt, man findet Gott nicht, wenn man aus der Welt geht. Wer mit dem ganzen Wesen zu seinem Du ausgeht und alles Weltwesen ihm zuträgt, findet ihn, den man nicht suchen kann.«

ANSELM GRÜN: Martin Bubers Erkenntnis, dass das Ich am Du wird, ist für mich auch in meiner Beziehung zu Gott entscheidend. Die jüdische, islamische und christliche Spiritualität, die Gott immer als Person, als Du, als Gegenüber gesehen hat, hat eine hohe Form von Interpersonalität geschaffen. Und an dieser Kultur der Begegnung möchte ich festhalten. Wenn Menschen nur von der Verschmelzung mit dem Göttlichen sprechen, überspringen sie diese Kultur. Dann existieren sie nur nebeneinander. Sie haben zwar manchmal den Eindruck, sie würden sich mit allen Menschen eins fühlen. Aber dieses Aufgehen im Menschlichen ist nur ein Überspringen der personalen Begegnung. Es führt den Menschen nicht weiter. C.G. Jung hat vor der Auflösung des Selbst gewarnt.

WUNIBALD MÜLLER: Darin finde ich mich gut wieder. Entscheidend ist auch für mich: Ich trete in eine Beziehung zu dem großen Geheimnis Gott, der Geheimnis bleibt und bleiben soll, zugleich aber steht er mir nicht allgemein als das Heilige, Unbegreifliche schlechthin gegenüber, sondern begegnet mir personal. Begegnet! Begegnung aber setzt ein Du voraus. Das gilt umso mehr, wenn es sich um eine Begegnung handelt, für die Liebe das entscheidende Kennzeichen ist.

ANSELM GRÜN: Ich habe Ende der 1960er-Jahre damit begonnen, Zen zu üben. Damals – mitten im Studium – war es für mich und die Mitbrüder, die ebenfalls übten, eine Offenbarung. Es tat gut, bei allem Studieren und aller intellektueller Beschäftigung mit Gott einfach nur schweigen zu können und sich Gott im Schweigen auszusetzen. Die Beschäftigung mit dem Zen-Weg und die Begegnung mit Graf Dürckheim haben uns geholfen, dann in der eigenen christlichen Tradition nach ähnlichen Wegen zu suchen.

Und da fanden wir heraus, dass die Mönche schon im dritten Jahrhundert auf ähnliche Weise meditiert hatten. Sie haben damals die Meditation nicht erfunden, sondern sie vermutlich aus ägyptischen Priesterkreisen oder von Anhängern des Pythagoras übernommen. Aber sie haben das, was sie dort angetroffen hatten, christlich getauft. Sie haben den Atem mit einem Wort der Schrift verbunden, damit das Wort durch den Atem tief in die menschliche Seele eindringen kann.

Das Antlitz Gottes, das sich mir im Antlitz Jesu spiegelt

WUNIBALD MÜLLER: Das alles sind für mich Erfahrungen und Praktiken, die nicht in Konkurrenz treten zu meinem Glauben an einen persönlichen Gott oder einer innigen Beziehung zu Jesus. Diese Erfahrungen vertiefen meine personale Beziehung zu Gott. Sie tragen unter anderem dazu bei, Gott in meiner Tiefe, in meinem heiligen Grund zu erfahren. Sie erweitern meine Beziehung zu Gott. Sie ermöglichen es mir – zumindest manchmal –, in meinen Vorstellungen und in meiner Beziehung zu Gott nicht im Gegenständlichen, Vordergründigen, Oberflächlichen hängen zu bleiben, indem sie mich in die Tiefe meiner Seele führen, mich mit der Welt des Ewigen verbinden. Sind wir mit unserem Innersten in Berührung, können wir Gott in unserer Tiefe erfahren.

Für den Suchenden oder gar Gott-Suchenden ist das eine Offenbarung, ein Glück, wird ihm doch ein Weg aufgezeigt, der ihn näher zu Gott bringt: der Weg in die Tiefe, in die eigene Mitte – hin zur Quelle des Lebens, die in der Tiefe unserer Seele entspringt. Ich finde es daher faszinierend, dass, wie du sagst, die frühen Mönche es bereits ver-

standen haben, eine Verbindung herzustellen zwischen Erfahrungen, die wir aus dem Zen oder der Meditation
kennen, und einer personalen Beziehung zu Gott beziehungsweise Jesus.

ANSELM GRÜN: Am beliebtesten wurde schon im vierten Jahrhundert das sogenannte Jesus-Gebet. Beim Einatmen sagt man still: »Herr Jesus Christus«, beim Ausatmen:
»Sohn Gottes, erbarme dich meiner!« Das Wort – so sagen
die Mönche – schließt die Tür auf zum wortlosen Geheimnis Gottes, zum Raum der Stille, der aber nicht leer ist, sondern erfüllt vom Geist Jesu, von seiner Barmherzigkeit und
Liebe. Für mich ist das Jesus-Gebet seit den frühen 1970er-
Jahren zum täglichen Begleiter geworden und zum Ort, an
dem ich immer wieder darauf hoffe, dass Christi Liebe meinen Leib und meine Seele durchdringt und mich prägt.

Der Weg des Jesus-Gebets verbindet für mich beides: die
Erfahrung Jesu Christi als Gegenüber, in dem nicht nur die
Person Jesu, sondern letztlich Gott selbst mich liebend anschaut, und zugleich die Erfahrung Jesu als Wegbegleiter in
den inneren Raum der Stille. Dort nehme ich von Gott nichts
Bestimmtes mehr wahr, sondern verzichte auf alle Bilder von
Gott und öffne mich im Schweigen dem Unbeschreiblichen
und Unbegreiflichen. Und doch ist Gott nicht reine Leere. Er
ist nur Leere im Gegensatz zu allem, was sonst meinen Geist
füllt. Auf dem Grund der Leere erahne ich dann doch das
Antlitz Gottes, das sich mir im Antlitz Jesu spiegelt.

WUNIBALD MÜLLER: In einem Brief an seine Freundin
Lucile Swan schreibt Pierre Teilhard de Chardin (in: Schiwy

2005, S. 163f.), »dass die größte Anstrengung und Schwierigkeit *nicht* darin besteht, sich ein attraktives Gesicht Gottes auszudenken – sondern es real zu nehmen und lebendig und präsent im Tiefsten von uns selbst und von jedem Ding. Und schließlich, Er allein kann Sich uns gegenwärtig machen: Wir können das Licht nicht ergreifen – sondern das Licht kommt zu uns. Wenigstens dies ist einer der großen Unterschiede zwischen christlicher und indischer Mystik, dass wir Gott nicht zu uns *zwingen* können. Aber wir können ihn bitten, zu ihm beten; und je erfahrener (oder wenigstens älter) ich bin, desto mehr bin ich überzeugt, dass das einfachste und das höchste der Gebete darin besteht, sich aktiv auf die zahllosen (kleinen und großen) Ereignisse des Lebens – deines eigenen Lebens – zu verlassen mit dem Vertrauen, dass genau diese Ereignisse, wenn sie mit ›Glauben und Liebe‹ aufgenommen und genutzt werden, der kürzeste und nächste Weg sind, eins zu werden mit dem Zentrum von allem.«

Sich aufzugeben bis zur Bereitschaft, nicht mehr sein zu wollen, um ganz Liebe zu werden, ist für den Pallottinerpater Johannes Kopp, ein Erfahrener im Zen, eine Weise der Gotteserfahrung. Sich ganz aufzugeben, um ganz Liebe zu werden – dazu bedarf es keiner Dogmatik, dazu bedarf es keines Lehrgebäudes über Gott, dazu bedarf es auch keiner Kirche. Sie können allenfalls im Dienst dieser Erfahrung stehen, können sie anbieten, dabei behilflich – und um alles in der Welt nicht hinderlich – sein. Erst wenn man diese Tatsache zurechtgerückt hat und das, worum es eigentlich geht, den ersten Platz eingenommen hat, dann erst können auch die Bedeutung von Kirche und die Bedeutung von

Lehre und Theologie gesehen und gewürdigt werden. Nur wenn sich Theologie und die Kirchen dessen noch mehr bewusst werden und das entsprechend würdigen, werden sie bei jenen auf Akzeptanz stoßen, die den mystischen Weg für sich erkannt haben und konsequent gehen.

Wer den mystischen Weg geht, wird irgendwann feststellen, dass er in sich Bereiche betritt, tief in sich Erfahrungen macht, die ein gesprochenes oder gedachtes Wort über Gott nur blass erscheinen lassen. Theologische Diskussionen, mitunter auch Gezänk, kleinkariertes kirchliches Denken und Verhalten, sehr menschliches Gehabe kirchlicher Verantwortlicher – das alles berührt nur die Oberfläche. Es kommt aus einer Welt, die noch nicht durchtränkt, die noch nicht erfasst und berührt worden ist von jener Welt, jenem Bereich in uns – dem tiefsten Seinsgrund –, den ich betreten darf, in den ich vielleicht gelange, wenn ich bereit bin, mich aufzugeben. Es schließt mit ein, alles aufzugeben, an dem ich mich sonst orientiert und festgehalten habe, einschließlich der Theologie und Kirchen, um ganz Liebe zu werden.

Mit dem unbegreiflichen Gott eins werden

ANSELM GRÜN: Vereinigung mit Gott, mit dem unbegreiflichen Gott eins zu werden, das ist das Ziel aller Mystik. Das ist auch das Ziel, das ich als Mönch anstrebe. Aber durch das Studium der Schriften der Wüstenväter und durch eigene Erfahrung weiß ich, dass es immer nur ab und zu eine solche Einheitserfahrung gibt. In einer Meditation oder in einer stillen Wanderung durch die Natur fühle ich mich auf einmal ganz eins – eins mit mir selbst, eins mit allem, was ist, eins mit allen Menschen und eins mit Gott, dem Grund allen Seins. Doch im nächsten Augenblick fühle ich wieder die innere Zerrissenheit und Unruhe. Ich kann die Erfahrung des Einsseins nicht festhalten.

WUNIBALD MÜLLER: Alle Sinfonien in diesem Leben bleiben unvollendet, meint Karl Rahner. Unsere letztlich unerfüllte Sehnsucht nach dem Einsseins bleibt unvollendet bis zum Schluss. Sehnsucht ist heilig, sagen D.H. Lawrence und die Romantiker. In der Sehnsucht schmecken wir das Heilige. In der Sehnsucht spüren wir unser Verlangen nach dem Einssein mit Gott. Sie ist der Grund für die Unruhe unseres Herzens, die sich nicht einstellt, bis wir – am Ende – Ruhe gefunden haben: in Gott.

Je mehr wir Gott in uns hineinlassen, er Wohnung in uns nimmt, wir die Erfahrung machen dürfen, wenigstens immer wieder vorübergehend eins mit uns zu sein, desto mehr wird aber unsere Sehnsucht nach dem »Mehr« gestillt, und das auf angemessene Weise. Gott ist dabei kein Ersatz. Er ist genau das, wonach wir uns sehnen. Oft versuchen wir, diese Sehnsucht auf eine andere Weise zu stillen: durch mehr Anerkennung, mehr Abwechslung, mehr Sex, mehr ... Doch so wichtig diese Dinge sind oder sein können – die tiefste und letzte Sehnsucht können sie nicht stillen.

ANSELM GRÜN: Die geistliche Tradition zeigt mir Wege auf, die mich für das Einswerden bereiten und öffnen. Der erste Weg besteht darin, mit mir selbst eins zu werden. Das ist nicht so einfach. Ein großer Teil der Askese, wie sie Evagrius Ponticus stellvertretend für das Mönchtum beschreibt, zielt darauf ab, die eigene Wirklichkeit anzuschauen: die Leidenschaften, die Gefährdungen, die Emotionen, die Gedanken und die inneren Lebensmuster. Nur wenn ich die eigene Wahrheit schonungslos anschaue und sie Gott hinhalte, kann ich – durch meine Leidenschaften und Emotionen hindurch – in den Grund meiner Seele gelangen. Dort wohnt Gott schon in mir. Und dann kann ich – wenn ich den Mut hatte, durch das Chaos der eigenen Leidenschaften hindurchzugehen – auf dem Grund meiner Seele die Erfahrung machen, eins zu sein mit mir selbst.

Und in diesem Einssein mit mir – frei von aller Selbstverurteilung und Selbstbewertung – ahne ich, was es heißt, eins zu sein mit Gott, mit dem Grund allen Seins, mit der Quelle aller Liebe, mit dem Sein schlechthin. Dieses Einssein erlebe ich manchmal als Einssein ohne Gegenüber. Gott ist dann nicht der persönliche Gott, sondern der Abgrund, in den ich eintauche, wenn ich es wage, meine eigene Abgründigkeit zu durchschreiten. Aber auch in dieser Erfahrung erahne ich, dass dieser Abgrund Gottes Liebe ist und als Liebe nicht nur eine Energie ist, sondern personale Züge trägt. Denn auch wenn ich im Grund meiner Seele auf die Quelle der Liebe stoße, die mehr ist als Gefühl, vielmehr eine Qualität des Seins, so kann ich mir diese Liebe nicht anders vorstellen, als dass sie von einem Du kommt, von einem personalen Wesen, das Liebe ist.

Manchmal erfahre ich das Einssein mehr als Einswerdung mit dem, der mich anschaut und den ich anschaue.

Dann ist es von vorneherein ein personales Einssein. Diese Erfahrung des Einsseins ist mit dem Einswerden mit einem Freund oder einer Freundin vergleichbar. Wir haben uns im Gespräch tief berührt. Wir sind uns nähergekommen. Jetzt schweigen wir miteinander und erfahren im Schweigen ein tieferes Einssein. Wir berühren uns auf dem Grund unseres Herzens. Wir verschmelzen nicht miteinander. Und doch gibt es Augenblicke, in denen ich mich ganz eins fühle mit der Gesprächspartnerin oder dem Gesprächspartner.

WUNIBALD MÜLLER: Das sind Erfahrungen, die ich in meiner Partnerschaft, in meinen Freundschaften und immer wieder auch in therapeutischen Begegnungen machen darf. Da gibt es dann nur noch mich und dich. »Ich öffne Aug' oder Ohr, oder ich strecke meine Hand aus, und fühle in demselbigen Augenblick unzertrennlich: Du und Ich; Ich und Du«, zitiert Martin Buber (1985, S. 301) den Philosophen Jacobi. Das ist nicht eines, aber auch nicht zwei.

ANSELM GRÜN: So ähnlich erlebe ich manchmal auch das Einssein mit Gott. Ich lasse mich von ihm anschauen und schaue auf ihn – ohne ein konkretes Antlitz zu sehen. Ich schaue in den Abgrund der Liebe und fühle mich eins mit Gott. Doch für diese Erfahrung des Einsseins gilt für mich immer noch die Erkenntnis der Konzilsväter von Chalcedon, die für die Einheit der göttlichen und menschlichen Natur in Jesus Christus die Formel gebrauchten: unvermischt und ungetrennt.

Ich erfahre mich als ganz und gar eins mit Gott. Aber ich werde nicht mit Gott vermischt. Ich bleibe Mensch. Gott durchdringt mich, seine Liebe durchströmt mich, seine göttliche Natur verwandelt mich. Aber ich bleibe dennoch diese menschliche Person. Nur so entgehe ich der Gefahr der Inflation, vor der C.G. Jung immer wieder warnt: der Gefahr, mich aufzublähen mit Gott, Gott für mein eigenes Ego zu benutzen, anstatt mich ihm zu ergeben und in ihm mich neu zu erleben.

Eine Einheit, die Liebe schafft

WUNIBALD MÜLLER: Sehr ansprechend drückt das, bezogen auf unsere Gottesbeziehung, Papst Benedikt XVI. in seiner Enzyklika *Deus caritas est* aus, wenn er schreibt: »Ja, es gibt Vereinigung des Menschen mit Gott – der Urtraum des Menschen –, aber diese Vereinigung ist nicht Verschmelzen, Untergehen im namenlosen Ozean des Göttlichen, sondern eine Einheit, die Liebe schafft, in der beide – Gott und der Mensch – sie selbst bleiben und doch ganz eins werden.«

Eine Einheit, die Liebe schafft, das ist für mich das entscheidende Kriterium. Ich kenne Menschen, die aus dem Gebet und der Meditation Kraft und Motivation für ihren Einsatz für andere Menschen schöpfen. Und die darin zur Verkörperung von Gottes Liebe werden. Bei ihnen und ihrem Einsatz spüre ich ihr Herz. Sie bleiben auf dem Boden der Wirklichkeit, können auch noch ein Kotelett oder einen schönen Wein genießen. Im Unterschied zu denen, die viele Stunden lang nach Plan meditieren und den Bezug zur

Wirklichkeit, den direkten Kontakt zu ihren Mitmenschen und zu Gott anscheinend verloren haben. Sie verbreiten eine sterile Atmosphäre.

ANSELM GRÜN: Wer sich selbst auflöst im Verschmelzen mit dem Göttlichen, der stellt sich letztlich über das, was Menschsein sonst ausmacht: die Begegnung mit einem Menschen, der mir die Augen öffnet für eine andere Sicht der Wirklichkeit, die Erfahrung von Gemeinschaft, die im Mahl und im Gespräch geschieht, und das Genießen der Gaben, die Gott uns in der Schöpfung schenkt.

Für mich ist daher die Demut die wichtigste Haltung in der Beziehung zu Gott. Die Demut ist ja zum einen der Mut, in die Tiefen der eigenen Menschlichkeit hinabzusteigen, zum anderen ist sie die Fähigkeit, mit beiden Füßen auf der Erde zu stehen, sich dem Alltäglichen, dem Erdhaften zuzuwenden. Manche benützen Spiritualität, um ihrer eigenen Erdhaftigkeit aus dem Weg zu gehen. Jesus wollte uns mit seiner Botschaft Leben in Fülle bringen. Aber manche machen sich auf den spirituellen Weg, um dem Leben auszuweichen, weil es zu gefährlich ist, sich dem Leben mit seinen Höhen und Tiefen, mit seiner Leidenschaft und seiner Sehnsucht zuzuwenden.

Der Weg in den Grund meiner Seele

WUNIBALD MÜLLER: Thomas Merton (2000) schreibt: »Jeden Tag nehme ich ein wenig mehr wahr, dass mein altes Leben zerbröckelt und schließlich mit der Zeit in Stücke zerfallen wird. Was dann? ... ›Vereinigung mit Gott!‹ So geheimnisvoll das am Ende ist, man würde vielleicht alles tun, um es zu versuchen, sobald man erkannt hat, dass das das Ende der eigenen Ich-Selbst-Verwirklichung bedeutet, ein für alle Mal. Bin ich bereit? Natürlich nicht. Doch der Lauf meines Lebens steuert in diese Richtung.«

Wenn ich mich frage: »Bin ich bereit?«, muss ich genauso ehrlich gestehen wie Thomas Merton: »Natürlich nicht«. Dabei weiß ich und spüre ich ganz tief in mir, dass ich erst dann, wenn ich so weit bin, den Frieden finden werde, nach dem ich mich so sehr sehne. Ich spüre, ich bin »weiter« als noch vor Jahren. Ich spüre in mir eine größere Unabhängigkeit von Erfolg, Anerkennung, Beachtung. Ich fühle mich mehr mit mir, meiner Tiefe in Verbindung. Ich mache dabei immer wieder die Erfahrung, wie unendlich reich meine Innenwelt ist, wie viel Raum, Freude, Erfüllung, Ekstase sie für mich bereithält, wenn es mir gelingt, in sie einzutauchen.

Ob das Erfahrungen sind, die ahnen lassen, was das meint, wie das ist, sich mit Gott zu vereinigen? Ich weiß es nicht. Doch ich spüre, dass ich, seitdem ich mit der Tiefe in mir in Berührung bin, auch sensibler, empfänglicher für Gott bin. Ich weiß nicht, ob man das so sagen kann. Was ich meine, ist: Ich spüre, wie ich ihm mehr da und dort begegne. Ich meine jedenfalls, der Erfahrung näher zu sein, von der die Mystikerinnen und Mystiker berichten: *Deus interior intimo meo*

– »Gott ist mir innerlicher, als ich es mir selbst bin«. Wohl wissend, dass ich noch weit entfernt bin, das wirklich für mich so zu erfahren.

Tiefe innere Erfahrungen, die ich machen darf, wenn ich in meine Tiefe eintauche und dabei die Nähe dessen erahnen darf, der mir innerlich näher ist, als ich es mir selbst bin, werden von einer Quelle gespeist, die unergründlich, die ewig ist. Hier erfahre ich die Voll-Endung meines Seins. Hier komme ich endlich dort an, wo ich fälschlicherweise meine, mit äußerem Erfolg und Ruhm anzukommen. Hier finde ich den Frieden, nach dem ich mich so sehr sehne.

ANSELM GRÜN: Für mich ist der Weg in den Grund meiner Seele der Weg in den inneren Raum der Stille, von dem die Mystiker sprechen. In jedem von uns ist so ein heiliger Raum reinen Schweigens, der nur von Gott bewohnt wird und nicht von Menschen und auch nicht von menschlichen Überlegungen, von Sorgen und Ängsten, von Leidenschaften und Emotionen. Es ist ein Raum der Stille. In diesem inneren Raum erahne ich Gott, auch wenn ich ihn nicht immer erfahre. Aber dieser Gott, der da in mir wohnt, ist ein Gott, über den ich nicht verfügen kann. Er entzieht sich meinem Zugriff, auch dem Zugriff meiner spirituellen Methoden.

Trotzdem ist dieses Wissen um den Raum der Stille für mich entscheidend, auch für meine Selbsterfahrung. Manche Menschen haben Angst, in sich hineinzuschauen. Sie meinen, sie würden da nur dem eigenen Chaos begegnen oder dem Bösen. Deshalb halten sie sich lieber an den Gott, den sie bitten, sie vor dem Bösen zu bewahren. Das ist durchaus legitim. Doch für mich führt der Weg zu Gott immer auch über die eigene Wirklichkeit. Wenn ich in mich hineinhorche, stoße ich eben nicht nur auf meine eigene Lebensgeschichte, auf meine Verletzungen, auf meine Lebensmuster, sondern auf den Grund all dessen, was Meister Eckhart das Unberührte, Reine und Stille nennt, zu dem noch nie ein Gedanke vorgedrungen ist.

Das ist für Eckhart der heiligste und reinste Bereich des Menschen. Dort, in diesem unberührten Raum reinen Schweigens, wird Gott in mir geboren. Und dort, wo Gott in mir geboren wird, komme ich zu mir selbst, zu meinem wahren Selbst, zu dem unverfälschten, unverletzten, makellosen und unbefleckten Bild, das Gott sich von mir gemacht hat. So kann ich letztlich den Weg zu mir und in meine Wahrheit gar nicht gehen, ohne auf Gott zu stoßen, von dem mein wahres Selbst kommt, in dessen Licht ich das wahre Selbst erkennen kann.

VON DER ERFAHRUNG DES ZU-GRUNDE-GEHENS

Machen wir wirklich die Erfahrung, von Gott getragen zu werden?

WUNIBALD MÜLLER: Was trägt uns, was hält uns? Auf was, auf wen ist wirklich Verlass? Das ist doch klar, mag mancher sofort antworten: »Was mich trägt, was mich hält, ist Gott.« Aber ist das wirklich so klar? Trägt uns, hält uns Gott? Machen wir wirklich auch dann die Erfahrung, von Gott getragen und gehalten zu werden, wenn es nicht so läuft, wie wir es von Gott erwartet haben? Wenn wichtige Beziehungen scheitern, Gefühle von Sinnlosigkeit, Depression und Angst unser Leben unerträglich machen? Machen wir wirklich die Erfahrung, von Gott getragen und gehalten zu werden, wenn eine unheilbare Krankheit uns unausweichlich dem Tod entgegenführt? Ja, trägt und hält uns Gott in unseren Getsemani-Stunden, wenn wir zittern und bangen, dann, wenn wir mit unserer Endlichkeit und Ohnmacht konfrontiert werden?

163

ANSELM GRÜN: Für mich ist es Gott, der mich trägt. Und doch kann ich mir nicht einfach vorsagen: »Gott trägt mich. Also gibt es keine Probleme für mich. Also kann ich alles ertragen.« So einfach geht es nicht. Dass Gott mich trägt, das erfahre ich nicht, indem ich es mir einrede, sondern indem ich in mich selbst hineinhorche. Ich versuche, meiner Angst, meiner Depression, meiner Unruhe, meiner Unzufriedenheit auf den Grund zu gehen. Dann erlebe ich, dass alle meine Gefühle und meine Leidenschaften letztlich in den Grund meiner Seele führen.

Dort, auf dem Grund meiner Traurigkeit, auf dem Grund meiner Unruhe, auf dem Grund meiner Sexualität, auf dem Grund meiner Angst, auf dem Grund meiner Empfindlichkeit, erahne ich Gott als den, der mich mit meinen Gefühlen trägt. Er nimmt mir nicht meine Probleme ab. Aber er ist der Grund, auf den ich stoße, wenn ich durch alle meine Gefühle und Emotionen, durch meine Gefährdungen und Leidenschaften hindurchgehe. Dort, im Grund der Seele, finde ich den felsigen Grund, auf den ich mein Lebenshaus bauen kann. Es ist der Grund, von dem Jesus spricht, wenn er vom klugen Mann erzählt, der sein Haus auf Fels baute und nicht auf den Sand seiner Illusionen, seiner Emotionen, seiner eigenen Gottesvorstellungen.

WUNIBALD MÜLLER: Ich kenne Situationen in meinem Leben, in denen ich nicht das Gefühl hatte, von Gott getragen und gehalten zu werden. So erinnere ich mich an eine Situation in meinem Leben, in der ich bitter enttäuscht wurde von Menschen, denen ich nahezu bedingungslos vertraut hatte. Ich erlebte ihr Verhalten mir gegenüber als

totalen Vertrauensbruch, mit der Folge, dass ich in eine Er-
fahrungswelt einbrach, in der ich, wie kaum zuvor in meinem Leben, Angst und Unsicherheit erfuhr. Ich war so erschüttert, dass ich seelisch größte Mühe hatte, mit mir
zurechtzukommen. Ich fiel um wie ein Baum, der auf san-
digem Boden gepflanzt ist, dessen Wurzeln nicht tief genug
in guter Erde verwurzelt sind. Diesem Sturm in meinem
Leben war ich nicht gewachsen.

Ich ging »zu Grunde«. Alles, was mich bisher getragen
hatte, was für mich wie ein Boden unter den Füßen war,
ging zu Grunde. Ich musste Abschied nehmen von Menschen, denen ich bisher bedingungslos vertraut hatte. Ich
musste Abschied nehmen von einem Glauben, der gegenüber der Wirklichkeit meines Lebens nicht mehr länger bestehen konnte. Ich musste Abschied nehmen von dem idealen Bild, das ich von mir selbst hatte, da dieses Bild zu wenig
die dunklen Seiten von mir berücksichtigt hatte, die Möglichkeit des Scheiterns darin keinen Platz hatte. All das brach
in sich zusammen, ging zu Grunde. Ich stürzte in das Nichts,
in einen Abgrund, in meinen Abgrund. Das war eine furcht-
bare Erfahrung, eine Zeit, in der sich eine depressive Stimmung meiner bemächtigt hatte und ich manchmal der Verzweiflung nahe war. Nur langsam kam ich mithilfe von
Freunden und Begleitern wieder auf die Füße.

ANSELM GRÜN: Die Erfahrung von Enttäuschung gehört
zu unserem Leben und zu unserem Weg mit Gott. Ich erlebe, dass wir unsere Erwartungen an Gott oft mit den Erwartungen an die Menschen verbinden. Wir erwarten, dass die
Menschen uns genauso tragen wie Gott, dass das Vertrauen

uns trägt, dass die Freundschaft uns trägt, dass die Gemeinschaft, die gemeinsame Arbeit uns trägt. Doch all das erleben wir immer wieder auch als brüchig. Normalerweise reagiere ich dann auch enttäuscht und manchmal verbittert auf die Brüchigkeit dessen, worauf ich vertraut hatte.

Aber nach einiger Zeit wird mir dann klar, dass ich noch nicht im Grund meiner Seele angekommen bin, sondern dass ich Gott im emotionalen Bereich gesucht habe, in dem Bereich, in dem ich mich wohlfühle. Dieser Bereich enttäuscht mich und drängt mich dazu, tiefer in den Grund meiner Seele hinabzusteigen, durch alle Gefühle und Vorstellungen von einem erfüllten Leben hindurch auf den Grund der Seele zu gelangen, der zugleich Abgrund ist, von abgründiger Tiefe, die ich nicht mehr auszuloten vermag.

Von der dunklen Nacht der Seele

WUNIBALD MÜLLER: Heute weiß ich, dass solche Erfahrungen, bei denen wir durch die Hölle gehen müssen, in unserem Leben nötig sind. Ja, dass es manchmal dafür höchste Zeit ist. Warum? Ja, warum? Ganz einfach: Weil wir uns etwas vormachen, weil wir uns zu sicher sind, von Gott geküsst zu sein, uns letztlich für unverwundbar wähnen. Wir denken, wir hätten ein gutes Verhältnis, eine tragfähige Beziehung zu Gott. Allein das ist letztlich oberflächlich. Die Beziehung zu ihm geht nicht in die Tiefe und kommt nicht aus der Tiefe. So muss zu Grunde gehen, was für uns nicht länger Grund sein kann. Wir müssen zu Grunde gehen. Das, was wir uns als unsere Welt, als unsere Beziehung zu anderen und zu Gott zurechtgelegt haben, muss zu Grunde gehen.

Es bricht zusammen, geht zu Grunde, was uns bisher getragen, was uns Sinn gemacht, was uns zufrieden gemacht hat. Wir spüren: Was bisher unser Grund war, ist nicht länger unser Grund. Um neuen Halt zu finden, um eine Spiritualität, sprich eine Beziehung zu Gott, zu finden, die uns wirklich zu tragen vermag, müssen wir tiefer in uns nach einem neuen Grund suchen. Das aber ist leichter gesagt als getan. Es verlangt von uns, dass wir uns in die Tiefe hinabwagen, ja, dass wir uns in sie hineinfallen lassen, im Vertrauen darauf, zu einem Grund, unserem eigentlichen Grund zu gelangen. Es ist ein Abstieg oder auch ein Fall in einen tiefen Abgrund, bei dem wir uns der Erfahrung des »Nichts« und der »Leere« aussetzen.

ANSELM GRÜN: Johannes vom Kreuz spricht nicht von der Hölle, durch die wir hindurchgehen müssen, sondern von der dunklen Nacht. Aber sie hat die gleiche Aufgabe: uns von unseren Projektionen von Gott zu befreien. Es ist eine ständige Versuchung, sich mit dem Gott zufriedenzugeben, den ich erfahre, den ich in der Meditation spüre, von dem ich mich angenommen weiß und der mich berührt hat in vielen Erfahrungen, während eines Gottesdienstes oder einer Begegnung mit einem Freund.

So ist es wohl notwendig, dass die Illusionen, die sich immer neu in uns bilden, von Gott zerbrochen werden, damit wir offen werden für den unbegreiflichen Gott. Manchmal ist das mühsam. Denn wir sehen es schon als große

Aufgabe an, uns in der weltlichen und gottlosen Welt an Gott zu erinnern und in Gott unser Leben festzumachen. Jetzt zu erfahren, dass wir unser Leben nicht in Gott festgemacht haben, sondern an einer Illusion von Gott, das tut weh.

Dennoch muss es so geschehen, damit wir auf dem Weg in das namenlose Geheimnis Gottes bleiben und nicht stehen bleiben bei unseren Vorstellungen. Evagrius Ponticus hat schon im vierten Jahrhundert von dieser Gefahr gesprochen. Auf dem spirituellen Weg sind wir begeistert von den Bildern, die Gott in unserer Seele bewirkt, und von den angenehmen Gefühlen von Geborgenheit und Freiheit, die eine Gotteserfahrung mit sich bringt. Aber wir möchten an den Bildern, an den Gefühlen festhalten. Dann, so sagt Evagrius, nehmen wir den Rauch statt des Feuers. Gott ist aber das Feuer, das alle unsere Vorstellungen im Feuer der unbegreiflichen Liebe verbrennt.

WUNIBALD MÜLLER: Ein wunderbares Bild. Ein Vergleich, der sehr gut beschreibt, was geschieht, wenn – im wahrsten Sinne des Wortes – verbrennt, was uns vielleicht alles bedeutet hat. Eine große Liebe. Eine Freundschaft. Ein Projekt, an dem mein Herz hing. Ein Glaube, der mir unzerstörbar erschien. Ich weiß, was es heißt, »zu Grunde« zu gehen, denn ich habe diese Erfahrung gemacht.

Die Erfahrung des Zu-Grunde-Gehens kann uns zu Boden werfen und zutiefst erschüttern. So muss es sein, wenn wir Angst haben zu sterben. Johannes vom Kreuz spricht, wie du bereits erwähnt hast, von der dunklen Nacht der Sinne, der Seele und des Geistes. Es ist die Nacht, in der unser Ego stirbt, wir der totalen Dunkelheit und Leere begegnen und uns wirklicher Halt versagt bleibt. Jetzt dürfen wir nicht davonlaufen, sondern müssen Dunkelheit und Leere aushalten. Es ist die Nacht der »End-Äußerung«, in der wir das Äußere, das uns dem Anschein nach jemand sein lässt, das uns anscheinend Sicherheit und Grund gibt, ablegen.

Doch zu Grunde zu gehen ist das eine. Das andere ist die einzigartige und zutiefst bewegende Erfahrung, die mit dem Zu-Grunde-Gehen einhergeht: am Ende, ganz am Schluss, zu seinem eigentlichen Grund zu gelangen. Du spürst tief in dir einen Grund, einen Halt, machst die Erfahrung, getragen zu sein. Was du bisher außerhalb von dir als Grund und Halt gesucht hast, erfährst du jetzt in dir. Und das auf eine Weise, wie es ein äußerer Halt, ein von außen, von anderen geliehener Grund, niemals vermitteln könnte.

Jetzt darfst du *erfahren*, was du vielleicht zu wissen glaubtest, woran du bisher vielleicht geglaubt hast: Gott selbst ist dein Grund. Du hast Anteil an ihm. Dein bewusstes Ich taucht in der Erfahrung des Zu-Grunde-Gehens in die Welt der Ewigkeit ein. Du erfährst einen Hauch von Ewigkeit, machst die Erfahrung, mitten im Jetzt vom Ewigen umfangen zu sein. Ein großer innerer Frieden geht mit dieser Erfahrung einher, eine Gelassenheit, die du mit nichts in der Welt eintauschen willst und die durch nichts in der Welt ersetzt werden kann.

ANSELM GRÜN: Die Erfahrung, von der du sprichst, kenne ich auch. Aber ich habe zugleich erlebt, dass auch das noch nicht der letzte Grund ist. Auf diesem tiefen Grund möchte ich mich gerne einrichten. Und so entzieht mir

Gott oft wieder diesen Grund, damit ich noch tiefer grabe und mich und meine Sehnsucht in die Abgründe meiner Seele halte, um Gott dort zu suchen.

Johannes vom Kreuz meint, Gott würde uns am Anfang unseres Weges immer wieder trösten mit solch tiefen Erfahrungen des Friedens, dann aber würde er uns auch diese Sicherheit nehmen. Das muss nicht so kommen. Wir dürfen dankbar sein, wenn wir das Gefühl haben, auf dem Grund unserer Seele angekommen zu sein. Aber wir sollten damit rechnen, dass es noch nicht der letzte Grund ist, dass Gott uns auch diesen Grund wieder entziehen kann, um uns noch tiefer in das Geheimnis seiner unbegreiflichen Liebe hineinzuziehen.

Gott wird in uns geboren

WUNIBALD MÜLLER: Das kann einen richtig in Angst versetzen, wenn ich davon ausgehen muss, dass ich selbst dann, wenn ich glaube, an meinem eigentlichen Grund angelangt zu sein, damit rechnen muss, noch tiefer zu fallen. Dass ich mich, was Gott betrifft, nicht irgendwo einrichten und glauben kann: »Jetzt bin ich so weit, jetzt falle ich nicht mehr aus der erfahrenen Verbundenheit mit ihm.«

Was also trägt uns, was hält uns? Allein die Tatsache, dass wir getauft sind, dass wir einer Religionsgemeinschaft angehören, dass wir an Gott glauben, vermag uns nicht wirklich zu tragen und zu halten. Aber auch eine geerdete Spiritualität, die mit unserer Tiefe, mit unserem Innersten verbunden ist, ist demnach keine Garantie dafür, uns von Gott als getragen und gehalten zu erleben. Allein der Weg nach innen, in unsere Tiefe, zu unserem Grund, führt in die richtige Richtung. Diesen Weg nach innen gehen wir – manchmal bleibt uns gar nichts anderes übrig, als ihn zu gehen –, wenn wir die Dunkelheiten des Lebens aushalten, durch sie hindurchgehen und dabei zu Grunde gehend zu unserem eigentlichen Grund gelangen.

Gehen wir diesen Weg des Zu-Grunde-Gehens, so werden wir schließlich am Ende, wenn wir durchhalten, einen neuen Grund finden. Dieser neue Grund hat ganz wesentlich eine spirituelle Dimension. Für den, der an Gott glaubt, kann die Erfahrung des Zu-Grunde-Gehens zur Erfahrung der Gottesbegegnung werden. Das ist die Zusage der mystischen Tradition: Wer den Ich-Tod erleidet, der begegnet darin zugleich Gott.

Gott wird in dir geboren. Es hat sich gelohnt, die Dunkelheit und den Schmerz auszuhalten. Jetzt bist du durch. Jetzt bist du in einer Tiefe bei dir angelangt, die dich Gott auf eine Weise erfahren lässt, wie du ihn bisher nicht erfahren hast. Freilich, ohne dass wir damit schon fertig wären, wir gleichsam jetzt schon den Himmel erreicht hätten. Vielmehr wartet, wie du ja sagst, der nächste Absturz schon auf uns. Ich kann gut verstehen, dass viele Menschen davon nichts wissen wollen, und obwohl ich weiß, dass es auch mich jeden Augenblick treffen kann, verspüre ich zugleich den Wunsch, zumindest vorerst davon verschont zu bleiben.

ANSELM GRÜN: Früher ist mir die Rede der Mystiker vom Ich-Tod immer fremd geblieben. Und ich habe mich gegen manche allzu pessimistische Deutungen des Wortes Jesu von der Selbstverleugnung gewehrt. Aber je älter ich werde, desto klarer geht mir auf, dass der Ich-Tod notwendig ist, damit wir wirklich Gott erfahren.

Den Ich-Tod dürfen wir allerdings nicht als Auslöschung des Egos missverstehen. Denn wer sein Ego auslöschen will, der merkt gar nicht, wie er einer Inflation verfällt, in der er sein Ego aufbläht mit spirituellen Vorstellungen, die ihm nicht zustehen. Manche, die von der Auflösung des Egos sprechen, möchten damit nur ihre Probleme mit sich selbst und ihrem Personsein religiös überhöhen. Sie sind nicht bereit, ihre Durchschnittlichkeit zu betrauern. Stattdessen kompensieren sie ihren Mangel an Ich mit den großen Worten vom Ich-Tod und wähnen sich schon als Mystiker. Davor müssen wir uns hüten.

Es geht vielmehr darum, sein Ego immer wieder loszulassen, damit Gott in mir Gott sein kann. Das Ego will Gott für sich vereinnahmen. Wirkliche Gottesbegegnung geht daher nur über eine Entmachtung des Egos. Gott will in uns herrschen. Aber das Ego lässt sich nicht völlig entmachten. Es meldet sich immer wieder zu Wort. Damit müssen wir rechnen. Das gehört zur Demut, dass das Ego nicht ein für alle Mal überwunden werden kann. Es erinnert uns vielmehr daran, die eigene Menschlichkeit anzunehmen, sodass wir uns immer wieder aufs Neue in Gott hinein ergeben. Dazu gehört das Eingeständnis, dass ich das Ego nie besiegen werde, sondern dass ich in meiner Unfähigkeit, es auszulöschen, mich nur in Gott hinein ergeben kann.

WUNIBALD MÜLLER: Es ist nur zu verständlich, dass wir dieser Situation gerne ausweichen wollen, weil wir glauben, sie nicht bestehen zu können. Der bekannte Schriftsteller Nikos Kazantzakis schrieb in seinem Roman »Rechenschaft vor El Greco«, dass jeder Mensch, der es wert sei, Menschensohn genannt zu werden, sein Kreuz trage und sein Golgata besteige. Viele, ja die meisten, so meinte er weiter, würden nur die erste und zweite Stufe erreichen und dann weinend mitten auf der Strecke zusammenbrechen. Sie gelangen nicht zu dem Gipfel ihrer Pflicht: gekreuzigt zu werden, aufzuerstehen und ihre Seele zu retten. Voll Furcht vor der Kreuzigung wird ihr Herz schwach; sie wissen nicht, dass das Kreuz lediglich der Pfad der Auferstehung ist. Es gibt keinen anderen Weg.

Unser Glaube an Gott erhält dadurch eine Tiefendimension. Er wird vertieft. Unser Glaube bleibt nicht länger an der Oberfläche hängen, beschränkt sich nicht auf die Zugehörigkeit zu einer Kirche, einer Religion. Gott ist uns dann nicht nur außen begegnet, sondern aus der eigenen Seele entgegengetreten. Es ist ein Glaube, der durch die existenzielle Erfahrung des Zu-Grunde-Gehens geerdet worden ist, ein Glaube, der uns trägt und hält, mag auch alles in uns und um uns herum zusammenstürzen.

TEIL V

Herr, wir stehen vor Dir und kommen zu Dir in der
Finsternis einer Welt, die uns Dein Licht unter der
Wolke von Zweifeln und Ungewissheiten verbirgt

dass Du uns helfen wollest, die Nacht des Advent, in
der die Welt noch immer steht, in Demut anzunehmen

dass Du unserem eigenen Leben nicht mehr Dunkel
auferlegen wollest, als wir zu tragen vermögen

dass Du es uns geben wollest, dass wir durch unser
Glauben, Hoffen und Lieben den anderen ein wenig
Licht gewähren

Joseph Ratzinger,
Gebet während seiner Zeit in Münster

VERANKERUNG IN GOTT

Die Erfahrung der Verbundenheit mit Gott

WUNIBALD MÜLLER: Ich bin davon überzeugt, dass wir angesichts unserer allenthalben deutlich zutage tretenden Gebrochenheit und Entfremdung Kontakt mit einer Welt aufnehmen müssen, die uns zentriert. Unser Innerstes muss Verbindung aufnehmen mit einer Welt, die nicht auf das reduziert werden kann, was wir schaffen können, was unser Ich vollbringen kann. Wir brauchen ein Zentrum – in uns und außerhalb von uns –, in das wir uns verankern können. Für den Muslim kann eine Pilgerfahrt nach Mekka Ausdruck seiner Reise ins Zentrum sein, um sich dort zu erneuern und zu regenerieren, für den Christen die Teilnahme an einer Eucharistiefeier oder eine andere Form von Gottesdienst.

Die Religionen geben uns die Möglichkeit, zum Beispiel mithilfe von Riten in einen bewussten Kontakt mit dem Bereich des Heiligen, der anderen Welt zu treten. Wir kommen dadurch in den Genuss der göttlichen Energie, die uns für die Bewältigung unseres Alltags zur Verfügung steht. So gilt es, geeignete Formen zu entwickeln, die uns helfen, uns mit dem Heiligen zu verbinden. Spiritualität heißt vor diesem Hintergrund auch, fähig zu sein, sich mit dem Bereich des Heiligen zu verbinden, um dort göttliche Energie zu tanken (vgl. Moore 2003, S. 96).

Für mich als Christ stellt Jesus, der aus dem Bereich des Heiligen in die Welt des Profanen einbricht, die Verbindung zur Welt des Heiligen her. Er nährt uns mit seinem Fleisch und seinem Blut, der himmlischen Speise. Über ihn erhalten wir Nahrung vom Himmel, göttliche Energie, die unser Leben bereichert und vertieft. Durch ihn, seinen Tod und seine Auferstehung sind wir an den göttlichen Kreislauf angeschlossen worden, der dafür bürgt, dass wir in einem lebendigen Austausch mit dem Göttlichen bleiben, um so ganz, geheilt und erlöst zu werden.

ANSELM GRÜN: Die tiefste Sehnsucht des Menschen geht dahin, vergöttlicht zu werden, mit göttlichem Leben erfüllt zu werden. Die Frohe Botschaft des Christentums ist, dass Gott selbst in Jesus zu uns hinabgestiegen ist, um uns Anteil zu geben an seinem göttlichen Leben. Das ist für mich die tiefste Verankerung in Gott, die es gibt. Ich muss nicht den mühsamen Aufstieg zu Gott bewältigen. Gott ist zu mir hinabgestiegen, um mich mit seinem göttlichen Leben zu erfüllen. In den Sakramenten der Kirche bekomme ich Anteil an diesem göttlichen Leben.

Dabei ist die Eucharistie der tägliche Weg, von der göttlichen Liebe, die in Jesu Tod am Kreuz am deutlichsten offenbar geworden ist, durchdrungen zu werden. Für mich ist es eine tägliche Übung, mich bei der Kommunion in dieser göttlichen Liebe zu verankern. Ich habe sie im Leib und Blut Jesu empfangen. Jetzt will sie der Grund meines Lebens sein, meines Arbeitens, Redens und Schreibens. Jetzt will sie durch mich in diese Welt strömen.

WUNIBALD MÜLLER: Für mich ist die Erfahrung der Verbundenheit mit Gott von elementarer Bedeutung. Es sind oft nur Momente, in denen ich diese Verbundenheit erfahre. Oft nur bruchstückhaft, aber dennoch so deutlich, dass ich die Verbindung mit Gott wie ein Fließen – von *ihm* zu mir – erfahre.

Ich habe dann den Eindruck, den Graben, der zwischen mir und Gott steht, überwunden zu haben. Hatte ich vorher noch das Gefühl, dass mir etwas Entscheidendes fehlt, so weicht dieses Gefühl jetzt einem Gefühl von »Ganz-Sein« und »Es-ist-gut-so«. Dieses Gefühl geht einher mit einem Gefühl von tiefem inneren Frieden und Zuversicht. Mag ich vorher noch beunruhigt oder ängstlich gewesen sein – jetzt kann ich einfach sein. Ich bin da, in mir, lebe im Augenblick, überlasse mich Gott. Ich lasse los, was mich vorher festhielt und in Anspannung versetzte.

Eingehüllt sein von Gottes Liebe

ANSELM GRÜN: Die Verbundenheit mit Gott erfahre ich einmal als Durchdrungensein von göttlicher Liebe, zum anderen als Eingehülltsein von Gottes Liebe. Wenn ich mich zur Meditation oder in eine leere Kirche setze, um dort still zu beten, dann fühle ich mich oft eingehüllt von Gottes heilender und liebender Gegenwart. Das tut mir gut. Dann werde ich auch selbst gegenwärtig. Ich bin ganz präsent und muss dann keine Gefühle von Verbundenheit in mir hervorrufen. Die Verbindung ist einfach da. Manchmal gelingt es mir dann auch, mitten in der Arbeit um dieses Eingehülltsein von Gottes Gegenwart zu wissen. Dann geht mir die Arbeit anders von der Hand. Die Nähe Gottes befreit mich von der bedrückenden Nähe mancher Probleme und mancher mich bedrängender Menschen.

Die geistliche Tradition hat diese Erfahrung mit dem Leben in Gottes Gegenwart ausgedrückt. In dieser Tradition stellt man sich vor, dass Gott uns umgibt wie die Luft, die wir atmen. Gott hat sich ja dem Mose am brennenden Dornbusch mit den Worten geoffenbart: »Ich bin der ›Ich bin da‹.« Matthäus hat diese Gottesoffenbarung aufgegriffen, wenn er von Jesus als dem Immanuel – »Gott mit uns« – spricht. Matthäus schließt sein Evangelium mit dem Wort Jesu, das uns seine ständige Gegenwart verheißt: »Seid gewiss: Ich bin bei euch alle Tage bis zum Ende der Welt« (Mt 28,20).

Wenn ich dieses Wort verinnerliche, dann bekommt die Gegenwart Gottes für mich eine sehr persönliche Note. Es ist nicht nur das Umhülltsein von Gottes Gegenwart, sondern die Gegenwart Jesu Christi, der ein menschliches Antlitz hat, der mich mit seinen Worten begleitet und mit seiner Liebe, die nicht nur um mich herum ist, sondern auch in mir.

WUNIBALD MÜLLER: Solche Momente erlebe ich als Glücksmomente. In mir empfinde ich ein tiefes Glück. Ich schließe die Augen und koste dieses Gefühl aus. Ich befinde mich in Harmonie mit mir selbst. Ich vergesse dabei nicht die Welt um mich. Auch nicht die sich in Widerstreit befindlichen Seiten und Strebungen in mir. Doch in diesem Augenblick bin ich mit einer Schicht in mir in Berührung, die es mir ermöglicht, so sehr bei mir, so tief in mir zu sein, dass alles andere in mir und außerhalb von mir nicht dagegen ankommt.

Fühle ich mich mit Gott verbunden, dann fühle ich mich mit dem »Atem des Lebens« verbunden, »der unbändig ist und von weither kommt, der in das menschliche Leben die Weite bringt« (Russell in: Wilson 1990, S. 16). Ich bin in Kontakt mit etwas, »das weitaus größer ist als der Mensch« (Jung in: Wilson 1990, S. 16). Dass es das gibt »und dass der Mensch dazu fähig ist, sich dieser größeren Kraft zu öffnen«, ist für C.G. Jung »eine Aussage über den Kern religiösen Glaubens«.

Ich stimme dieser Aussage C.G. Jungs voll zu. Sie stimmt mit meinen eigenen Erfahrungen überein. Es ist nicht die Lehre von oder über Gott, die mir wirklich etwas bedeutet. Es ist diese Erfahrung der Verbundenheit mit Gott, die am Anfang meines religiösen Empfindens steht und die mir sehr viel, ja alles bedeutet. Es ist die tiefste Erfahrung, zu der ich fähig bin. Es ist zugleich die beglückendste Erfahrung. Dazu fähig zu sein, betrachte ich als das schönste Geschenk, das mir je gemacht wurde.

ANSELM GRÜN: Wenn ich mich mit Gott verbunden fühle, wenn ich mich von seiner liebenden Gegenwart eingehüllt weiß, dann bin ich auch selbst ganz gegenwärtig. Dann lebe ich intensiver. Oft lebe ich einfach so dahin, eines folgt auf das andere. Doch wenn ich mir der Gegenwart Gottes bewusst bin, dann wird mein Leben intensiver. Ich bin dann mehr ich selbst, mehr in Berührung mit meinem wahren Selbst. Gott ist für mich nicht ein Weg der Selbstentfremdung, sondern der Selbstannäherung, der Selbstvergewisserung, ein Weg, intensiver zu leben, bewusster im Augenblick, gegenwärtig und präsent zu sein.

Wenn ich mit Menschen aus der Wirtschaft zu tun habe, erlebe ich diese oft als nicht präsent. Sie sind zerrissen zwischen tausend Dingen, die sie im Kopf haben müssen. Aber ich erlebe sie selbst, ihre Person, als abwesend. Gottes Gegenwart ist für mich die Bedingung, selbst in der Begegnung mit Menschen anwesend, präsent zu sein. Das macht mein Leben intensiver und beglückender.

Göttliche Energie tanken

WUNIBALD MÜLLER: Die Verankerung in etwas, das größer ist als wir selbst, ist auch deshalb wichtig, weil wir sonst Gefahr laufen, uns zu Göttern und Göttinnen zu machen (vgl. Moore 2003). Wir blähen uns auf. Anstatt uns vom himmlischen Brot nähren zu lassen, nähren wir uns vom irdischen Brot. Das aber soll ja wie das himmlische Brot »schmecken«, soll »Götterspeise« sein. Es muss also, so meinen wir, etwas Besonderes, Einzigartiges sein, eben etwas, das so schmeckt, als würde es aus der anderen Welt stammen. Wir machen dann – oft unbewusst – unser Verhalten zum Sakrament. Unserem Narzissmus und unserer Grandiosität sind dadurch Tür und Tor geöffnet. Diese sind ohnehin oft schon stark genug ausgeprägt, verlieren aber durch den Verlust der Anbindung an die »andere Welt« die so notwendige Korrektur und gesunde Kanalisierung.

Unsere grandiosen Tendenzen müssen, so der Tiefenpsychologe Robert Moore, außerhalb unserer irdischen Welt ihre Projektion vorfinden. Die numinose, geheimnisvolle, göttliche Energie muss uns von der »anderen Welt« zugeführt werden. Wenn wir glauben, sie selbst zu besitzen, dann kann sie sich als ein Pulverfass erweisen, das explodiert, weil wir eben keine Götter und Göttinnen sind und es eigentlich wissen müssten: dass wir keine anderen Götter haben sollten neben dem einen Gott. Da wir keine Götter sind, laufen wir Gefahr, wollen wir den Göttern gleich sein, zu gefährlichen Drachen zu werden, die um sich schlagen, zu Vampiren, die andere aussaugen.

ANSELM GRÜN: Die keltische Spiritualität, die ins Christentum eingeflossen ist, sieht in allem Gottes Gegenwart. Alles ist von Gott durchdrungen. Das ist aber etwas anderes, als das Irdische zum Göttlichen zu erheben. Diese Tendenz, ganz banale Dinge aufzublähen mit göttlichem Glanz, erlebe ich häufig bei Menschen. Wenn sie zum Beispiel von ihren Kindern sprechen, dann tun sie es, als ob es halbe Götter wären, genial begabt. Wenn sie von ihrer Arbeit erzählen, geben sie allem einen göttlichen Anschein. Alles läuft »toll«, »super«. Weil man die Banalität seines Alltags und seine eigene Durchschnittlichkeit nicht aushält, muss man sie auffüllen mit göttlichen Attributen.

Wenn ich aber in allem Gottes Gegenwart finde, kann ich das Irdische lassen, wie es ist. Ich brauche es nicht aufzublähen. In diesem Irdischen leuchtet Gottes Gegenwart auf. Das kommt für mich in wunderbarer Weise durch das Bild des brennenden Dornbuschs zum Ausdruck. Der Dornbusch ist wertlos, vertrocknet, wird übersehen. Aber in ihm leuchtet Gottes Herrlichkeit auf. Der Dornbusch brennt, ohne zu verbrennen. Er bleibt Dornbusch und ist zugleich der Ort, an dem wir Gottes Schönheit, Gottes Feuer, Gottes Liebe schauen. Wenn ich in mir und in den Brüdern und Schwestern das Göttliche sehe, lasse ich mich und die anderen als ganz normale Menschen stehen, ohne sie zu verklären.

Von der Gefährdung des geistlichen Führers

WUNIBALD MÜLLER: Auch religiöse Führer müssen besonders auf der Hut sein: Sie dürfen nie vergessen, dass sie lediglich Vermittler des Göttlichen sind, niemals aber das Göttliche selbst. Oft müssen sie als Projektionswand für die grandiosen Projektionen der »Gläubigen« herhalten, in deren Augen sie als heilige Männer und Frauen gelten. Sie stehen für das »sichtbare« Numinose. Statt sich selbst mit dem Geheimnisvollen, mit Gott zu verbinden und sich dort zu verankern, dorthin ihre grandiosen Tendenzen und Fantasien abzugeben, machen diese »Gläubigen« den spirituellen Führer zum Guru, zum Gott, füllen ihn mit ihrer Grandiosität an, indem sie ihn bewundern und verehren. Was in der »anderen Welt«, also bei Gott, ankommen sollte, bleibt bei den spirituellen Führern hängen.

Wenn die geistlichen Führer diese Projektionen im gleichen Augenblick nicht dorthin weitergeben, wo sie hingehören – in die »andere Welt«, zu Gott –, geraten sie in Schwierigkeiten. Sie laufen dann Gefahr, sich aufzublähen, bis sie schließlich selbst glauben, außergewöhnlich, ja »außerirdisch« zu sein. Du hast ja schon darauf hingewiesen, wie Einswerdung, Verschmelzung mit Gott – die erwünschte oder tatsächlich stattgefundene Erfahrung – dazu führen kann, plötzlich selbst zu glauben, Gott zu sein.

Ich habe jedenfalls große Vorbehalte gegenüber gewissen geistlichen Führern und Gurus, die als Ersatz für die nicht stattgefundene Verankerung in Gott herhalten müssen. Denn sie werden als Menschen gesehen, die dem Göttlichen, Gott besonders nahestehen. Wenn sie nicht aufpassen, verhindern sie, dass es tatsächlich zur Kontaktaufnahme mit Gott kommt, indem sie sich selbst als Verankerungspunkt in das Göttliche anbieten. Der Kreislauf der mythischen Kraft zwischen Gott und den Menschen wird, so Robert Moore, dadurch unterbrochen. Diese will zu Gott fließen, um dort erneuert zu werden, und dann wieder zu den Menschen zurückfließen. Nun aber staut sich die göttliche Energie bei den Gurus, bleibt dort hängen und bläht sie auf. Statt Kanalisator für die göttliche Energie – zum Beispiel durch das Ritual – zu sein, enthalten sie dadurch den Gläubigen die mythische Kraft vor, die ihnen nur Gott, nicht aber spirituelle Führer und Gurus, schenken kann.

Wie siehst du das? Und wenn du kritisch auf dich selbst schaust – kennst du auch bei dir diese Versuchung? Wenn ja, was hilft dir, nicht zu einem solchen Guru zu werden und dich nicht in diese Rolle drängen zu lassen?

ANSELM GRÜN: Natürlich spüre ich auch bei mir diese Versuchung, die Projektionen der anderen als meine Wirklichkeit zu sehen. Wenn manche Leute mich nach einem Vortrag in höchsten Tönen loben, erkenne ich die narzisstische Versuchung, mich darauf auszuruhen und zu glauben, dass ich etwas Besonderes sei. Aber ich wehre diese Versuchung dann immer wieder ab, indem ich mir bewusst werde, dass ich ein Mensch wie jeder andere bin, mit Höhen und Tiefen, dass ich trotz meiner vielen Bücher immer noch an mir und meiner Unzulänglichkeit und Durchschnittlichkeit leide.

Und es hilft mir, dann nach Hause zu fahren und den

ganz normalen Alltag eines Mönchs zu leben. Gerade die nüchterne Arbeit in der Klosterverwaltung, in der ich mit banalen Problemen wie der Müllentsorgung, der Altersversicherung, der Sanierung von Bauten beschäftigt bin, hilft mir, der Versuchung standzuhalten, mich in die Rolle des Gurus drängen zu lassen. Ich weiß, dass es mir nicht guttun würde, nur Vorträge zu halten oder Bücher zu schreiben. Ich brauche den Alltag, damit sich meine Spiritualität immer wieder erdet. Sonst wäre ich in Gefahr, abzuheben und mich in der Rolle des Weisen einzurichten. Das wäre mein spiritueller Tod.

Mönch zu sein heißt für mich, mich täglich neu auf die Suche nach Gott zu begeben. Wenn ich von Gott spreche, dann nicht als einer, der Gott genau kennt und der Gott nähersteht als andere, sondern als einer, der genauso auf der Suche nach dem unbegreiflichen Gott ist wie die Menschen, zu denen ich spreche.

Und führe uns nicht in Versuchung

WUNIBALD MÜLLER: Manchen geistlichen und religiösen Führern scheint diese notwendige demütige Zurückhaltung anscheinend verloren gegangen zu sein. Sie sprechen zwar nach außen von sich als »unwürdigen Knechten«, legen dann aber ein Anspruchsdenken an den Tag, das sie anscheinend berechtigt, die einfachsten Regeln der Höflichkeit – zum Beispiel, pünktlich zu sein oder einen Brief zu beantworten – zu übergehen. Die Sensibilität für das Geringfügige und Alltägliche geht ihnen ab. Sie scheinen vergessen zu haben, was Lukas (16,10) schreibt: »Wer in den kleinsten Dingen zuverlässig ist, der ist es auch in den großen, und wer bei den kleinsten Dingen Unrecht tut, der tut es auch bei den großen.«

Doch die Versuchung, zu glauben, selbst über die göttliche Energie zu verfügen, ist auch ein allgemeines Problem, das unsere Politiker, aber letztlich jeden von uns mal mehr, mal weniger betrifft. Die göttliche Energie soll uns berühren, energetisieren. Sie soll uns nähren, zur Verbindung mit den Göttern beitragen und uns an unsere Gottesebenbildlichkeit, an unser *imago dei* erinnern. An die Ähnlichkeit, nicht die Gleichheit. »Und führe uns nicht in Versuchung« – diese Bitte aus dem Vaterunser kann daher auch verstanden werden als: »Führe uns nicht in Versuchung, dass wir plötzlich glauben, selbst über die göttliche Energie zu verfügen.«

Wenn die numinose Kraft nicht dort gelassen wird, wo sie hingehört, zu Gott, immer wieder dort festgemacht und von dorther »kontrolliert« wird, wird sie, so Robert Moore, zum Drachen, zu einer gefährlichen, unberechenbaren Kraft, die um sich schlägt und mit ihrem unersättlichen Hunger nach Grandiosität alles auffrisst, was sie kriegen kann. Wie brutal konkret dieses Übel aussehen kann, wird uns in der gegenwärtigen Zeit bewusster als je zuvor, wenn wir anscheinend hilflos miterleben – zuschauen? –, wie wir unsere Mutter Erde zerstören und damit uns selbst.

Nicht erst seit den Terroranschlägen des 11. September 2001 müsste uns bewusst sein, dass unser Leben in seinem

Kern bedroht ist. Es entwickelt sich um uns herum eine Welt, die unserem menschlichen Wesen entgegenarbeitet. Es braucht nicht viel, bis wir dieser zerstörerischen Welt ganz verfallen sind. Sie hat uns fest im Griff. Es ist die Welt der Computer, des Internet, der Elektronik, des Cyberspace. Es ist die künstliche Welt der Produkte, die die Technik hervorbringt.

ANSELM GRÜN: Meine Erfahrung ist, dass die innere Leere des Menschen so groß ist, dass sie nur von Gott ausgefüllt werden kann. Wenn wir sie mit Geld füllen wollen, wird es ein Fass ohne Boden. Wir brauchen immer mehr und werden immer gieriger. Wenn wir sie mit Grandiosität füllen, dann schaffen wir immer extremere Situationen, um unsere Größe zu beweisen. Dann laufen wir Amok, um im mutwilligen Töten und im eigenen Zusammenbruch endlich beachtet zu werden. Oder wir sprengen uns selbst und andere in die Luft, um wenigstens im letzten Augenblick groß rauszukommen. Oder wir müssen wenigstens in der virtuellen Welt der Computerspiele unsere Grandiosität ausagieren. Wenn Gott unsere Leere nicht ausfüllt, kommen wir nie zur Ruhe.

WUNIBALD MÜLLER: Für mich ist es wichtig, mich immer wieder mit dem Größeren, Gott, zu verknüpfen, ganz bewusst Kontakt zu ihm aufzunehmen, mich vor ihm zu verbeugen, mich ihm zu unterwerfen. Nicht, weil ich mich klein dünke und unbedeutend. Nein! Weil ich im Bewusstsein meiner von Gott mir geschenkten Größe und Einzigartigkeit nie vergessen will, dass Gott größer ist und das gut so ist. Er ist größer als ich, als die Kirche, als die Gesellschaft, als alles, was jeden Tag auch an Schrecklichem in unserem privaten Leben und in der großen Welt geschieht.

Inmitten dieser Welt verankere ich mich in etwas Größeres, in Gott, indem ich das Taizé-Lied bete: »Meine Hoffnung und meine Freude, meine Stärke, mein Licht, Christus, meine Zuversicht, auf dich vertrau ich und fürcht mich nicht, auf dich vertrau ich und fürcht mich nicht.« Dann kehrt Stille in mir ein. Ich vertraue darauf, dass Gott, Christus, stärker ist als die Welt der Computer.

Zu Hause ankommen

ANSELM GRÜN: Die virtuelle Welt des Internet entfremdet uns immer mehr. Gott bringt uns heim zu uns. Die deutsche Sprache kennt diese Verbindung von Heimat und Geheimnis. Daheim sein kann man nur dort, wo das Geheimnis wohnt. Das Heim ist für die Germanen der Ort, an dem man liegen kann, an dem man sich wohlfühlt, an dem man zu Hause ist.

Bei uns zu Hause sind wir nur dort, wo das Geheimnis in uns wohnt, wo in uns etwas ist, das größer ist als wir selbst. Wenn wir immer nur auf uns, unsere Gedanken, Gefühle und Lebensmuster stoßen, werden wir uns bald langweilig. Wenn wir jedoch spüren, dass auf dem Grund unserer Seele ein Geheimnis ist, das größer ist als wir selbst, vermögen wir bei uns daheim zu sein.

Karl Rahner hat immer wieder vom unergründlichen Geheimnis Gottes gesprochen. Und er versteht den Menschen als »arme Verwiesenheit auf ein Geheimnis in Fülle«. Gott ist das Geheimnis. Er bleibt unserem menschlichen Zugriff entzogen. Aber wenn wir von Gott als Geheimnis sprechen, dann ist das auch eine Einladung an die Menschen, die sich schwertun, an Gott zu glauben und sich ihrer eigenen spirituellen Sehnsucht zu stellen.

Wenn ein Mensch offen ist für das Geheimnis, das größer ist als er, dann ist er letztlich offen für Gott. Nicht unbedingt der, der lauthals verkündet, dass er an Gott glaubt, glaubt auch in seinem Herzen an den Gott Jesu Christi. Vielleicht hat er sich Gott nur als Chiffre zurechtgelegt, um seine eigene Lebensweise zu rechtfertigen. Wer jedoch offen ist für das Geheimnis der Natur, für das Geheimnis des Menschen, für das Geheimnis der Musik, der ist letztlich auch offen für Gott, der hat ein Gespür für den geheimnisvollen und mit menschlichen Begriffen nicht erfassbaren Gott, für den Gott, wie ihn uns Jesus in seinen Worten aufgezeigt hat.

Wenn ich mit Menschen spreche, die sich schwertun mit Gott, weil sie ein ganz bestimmtes Bild von Gott ablehnen, das sie seit ihrer Kindheit mit ihm verbinden, dann versuche ich immer, vom Geheimnis Gottes zu sprechen. Und ich merke, dass sehr viele Menschen – auch wenn sie keine Kirchgänger sind – um dieses Geheimnis wissen. Das Geheimnis, das sie in ihrem Herzen tragen, ist der Ansatzpunkt, mit ihnen über Gott zu sprechen, das unaussprechliche Geheimnis, das es uns ermöglicht, bei uns selbst zu Hause zu sein und Heimat in dieser Welt zu erfahren. Dichter sprachen von der unbehausten Welt, von einer Welt, in der wir nicht mehr zu Hause sind, weil alles machbar geworden ist. Die Welt wird uns nur dann zur Heimat, wenn in ihr das Geheimnis wachgehalten wird.

WUNIBALD MÜLLER: Das Gefühl, heimzukommen oder heimgekommen zu sein, stellt sich vor allem ein, wenn ich bei mir, in meinem Inneren, angekommen bin. Es ist dieses Gefühl von Ruhe und innerem Frieden. Ich bin dann mit mir und mit dem in Berührung, was mehr ist, als ich es bin. Ich bin in Berührung mit der Welt der Ewigkeit. Die Verbundenheit mit dieser Welt erfahre ich auch über die Verbundenheit mit Gott. Und wann immer ich diese Verbundenheit erfahre oder die Sehnsucht danach zulasse – die ich oft beim Aufwachen besonders stark spüre –, fühle ich mich ganz, in Frieden mit mir, fühle ich Frieden in mir.

Doch es bleibt die Herausforderung, Heimat genauso auch in unserer konkreten Außenwelt zu erleben und erlebbar zu machen. Gott nicht nur in unserer Innenwelt zu erfahren, sondern nicht weniger auch in unserem Alltag: in den Elendsvierteln Afrikas, in den schmutzigen, unwirtlichen, heruntergekommenen Straßen mancher Großstädte, in den zum Teil trist anmutenden Altersheimen, in der oft so seelenlos wirkenden Geschäftswelt. Wo ist da Gott? Wo finde ich dort Gott?

Das Gebet als Zugang zu Gott

Im Beten die Erfahrung machen, Teil eines Größeren zu sein

WUNIBALD MÜLLER: Es gibt viele Möglichkeiten, sich in Gott zu verankern. Auf einige sind wir während unseres Gesprächs bereits eingegangen. Einmal kann es eine Eucharistiefeier sein, dann, wie erwähnt, eine kurze Meditation am Ende eines Tages. Ebenso kann es ein kurzes Innehalten sein, wenn zum Beispiel am Freitagnachmittag in Erinnerung an Jesu Tod um drei Uhr die Glocken läuten. Es kann ein Blick hinauf zu den Sternen sein, ein Spaziergang durch den herbstlichen Wald, der die Türen zu unserem Innern öffnet, ein Stoßgebet, wenn ich vom Tod oder der Krankheit eines mir bekannten oder auch unbekannten Menschen erfahre. Sie alle stellen Formen dar, über die ich mit Gott in Kontakt treten kann. Jeder mag hier seine eigene Weise finden. Entscheidend ist vielmehr, eine Form zu finden, mit der ich in Verbindung mit Gott bleibe oder komme.

Ich versuche auch immer wieder, während des Tages ganz bewusst innezuhalten, nach innen zu gehen, um mit

Gott in Berührung zu kommen, seine Gegenwart wahrzunehmen. Manchmal sind das nur wenige Sekunden, in denen ich vielleicht die Augen schließe und in eine bewusste innere Beziehung zu Gott trete. Oder ich beginne den Tag damit, indem ich eine Kerze anzünde. Wie ich den dunklen Raum damit schwach erleuchte, so erleuchte ich mich am Unermesslichen, wie es der Philosoph Ugaretti einmal formulierte. Ich nehme Kontakt mit Gott auf, vergegenwärtige mir bewusst seine Gegenwart.

Eine besondere Bedeutung kommt dabei dem Gebet zu. Im Beten darf ich immer wieder die Erfahrung machen, Teil eines Größeren zu sein. In Gott geborgen und aufgehoben zu sein. Beten bewahrt mich vor der Angst und den Depressionen, die mich befallen würden, wenn ich glauben würde, den Durst nach Gott übergehen zu können. Mein Beten führt mich zu Gott, dem allein die Ehre gebührt und auf den mein tiefstes Verlangen ausgerichtet ist. Es kanalisiert meine Sehnsucht nach Gott, von der es in einem Psalm heißt: »Nur zu Gott hin wird stille mein Verlangen« (Ps 62,2).

ANSELM GRÜN: Der Ort, an dem ich Gott vor allem erfahre, ist für mich das Gebet. Natürlich erfahre ich Gott auch in der Schöpfung und in der Begegnung mit anderen Menschen. Ich erfahre ihn im Gottesdienst und im Schreiben, wenn ich mir über meine Erfahrungen mit Gott klar werde und sie zu formulieren suche. Aber ein zentraler Ort ist nach wie vor für mich das Gebet. Als Mönche beten wir fünfmal am Tag gemeinsam die Psalmen. In den Psalmen begegnet mir gerade oft der dunkle und unbegreifliche

Gott. Und ich begegne in den Psalmen mir und meiner eigenen Wahrheit. Ich bin nicht immer aufmerksam bei jedem Vers. Aber immer wieder spricht mich ein Vers an und öffnet dann mein Herz für Gott.

WUNIBALD MÜLLER: Darin kommt etwas ganz Wesentliches des Betens zum Ausdruck: Es ist eine Herzensangelegenheit. Es öffnet mein Herz und es entspringt meinem Herzen. Das lateinische Wort für »glauben« heißt *credere*. Darin stecken die lateinischen Worte *cor* und *dare*, was man mit »Herz geben« übersetzen kann. Glauben wird so gesehen als *mein Herz geben* verstanden. Das aber geschieht im Beten.

Die Psalmen wie einen Kuss erleben

ANSELM GRÜN: Für mich habe ich zwei Weisen des Psalmenbetens als Wege der Gottesbegegnung entdeckt. Der eine Weg versteht die Psalmen als Gedichte, die meine Gefühle und Erfahrungen vor Gott zum Ausdruck bringen. Dann erlebe ich das Psalmengebet als ehrliche Begegnung mit Gott. Ich halte meine Wahrheit Gott hin. Aber in den Psalmen fühle ich mich seit jeher verbunden mit allen Menschen. Denn nicht immer drücken die Bilder der Psalmen meine persönlichen Erfahrungen aus. Oft erinnern sie mich an bestimmte Menschen, von deren Leid ich gehört habe. Bei dieser Weise, die Psalmen zu beten, erlebe ich mich in

Gemeinschaft mit allen Menschen. Ich stelle mich meiner Wahrheit und halte sie Gott hin.

Der zweite Weg ist der Weg, den uns der heilige Augustinus empfiehlt: Wir sollen die Psalmen gemeinsam mit Jesus Christus beten. Vor allem in der Karwoche hilft mir dieser Weg. Ich stelle mir vor, dass Jesus selbst in den Worten der Psalmen seine Erfahrungen mit den Menschen ausdrückt, gerade auch mit denen, die ihn abgelehnt, verurteilt und getötet haben.

Wenn ich die Psalmen so bete, dann geht mir das Geheimnis Jesu neu auf, das Geheimnis des Menschen Jesus, der ähnliche Gefühle, Leidenschaften, Konflikte, Verurteilungen und Ablehnungen durch andere erfahren und durchlitten hat wie ich. Ich fühle mich ihm innerlich verbunden. Aber zugleich stelle ich mir vor, dass Jesus jetzt diese Psalmen in Gott betet, in den er nach seiner Auferstehung ganz und gar eingegangen ist. So spüre ich im Psalmenbeten die Verbindung mit dem Menschen Jesus, aber auch mit dem Gottmenschen, mit dem Sohn Gottes, der in Gott ist und mich durch das Gebet mit hineinnimmt in die Gemeinschaft des dreifaltigen Gottes.

Du kommst ja auch fast täglich in unsere Mittagshore und singst mit uns die Psalmen. Und du hast auch schon über die therapeutische Wirkung der Psalmen geschrieben. Was ist dir an den Psalmen wichtig?

WUNIBALD MÜLLER: Das ist mir während eines längeren Aufenthalts in Taizé noch einmal bewusster geworden. Die Gesänge, die ich dort dreimal am Tag, dabei einzelne Gesänge immer wiederholend, gesungen habe, haben eine tiefe Schicht in mir angerührt. Sie haben tief in mir einen Resonanzboden vorgefunden, der sie aufgenommen, ja regelrecht aufgesaugt hat. Bis dahin, dass irgendwann die Gesänge in mir sangen oder ich am Morgen mit einem Gesang in meinem Herzen aufgewacht bin. Ich führe das darauf zurück, dass diese Gesänge eine ganz tiefe Sehnsucht in mir ansprechen und wachrufen, eine Sehnsucht, die letztlich unstillbar ist: die Sehnsucht nach Gott.

Genauso ergeht es mir bei den Psalmen. Der Alttestamentler Erich Zenger hat einmal die Psalmen als die Meditationen der Bibel bezeichnet. Sie sind für mich Betrachtungen, die es mir ermöglichen, mich in Gott hineinzuversenken, und das so, wie ich bin, so, wie ich mich gerade fühle: überglücklich, traurig, hoffnungsvoll, verzweifelt, dankbar und so weiter. Im Beten und im Singen der Psalmen verleihe ich meiner Seele Ausdruck, singt mein Innerstes. Meistens lasse ich dann auch ungehemmt mein Innerstes zu. Wenn ich mein Innerstes zulasse, lasse ich auch Gott in mir zu.

ANSELM GRÜN: Mich fasziniert, was vom heiligen Franziskus erzählt wird: Wenn er beim Psalmenbeten den Namen des Herrn aussprach – Herr war für ihn immer Jesus Christus –, dann schien er vor Wonne und Zärtlichkeit die Lippen zu lecken. Die Worte waren für ihn wie ein Kuss, den er im Mund spürte. Manchmal erlebe ich bestimmte Worte der Psalmen auch wie einen Kuss. Dann sind die Psalmen nicht mehr so spröde. Mitten in den alltäglichen Auseinandersetzungen, die die Psalmen beschreiben, steht dann auf einmal ein Wort von Gottes Liebe, von Gottes Huld, von Gottes Barmherzigkeit, die wie ein Kuss wirken.

Auf diese Weise wird das Psalmenbeten zum Gebet meiner Sehnsucht nach einer Liebe, die mich berührt und verwandelt.

Das persönliche Gebet

WUNIBALD MÜLLER: Beten und Meditieren tragen dazu bei, die Gegenwart und Zeit aufzubrechen. Mich aufzubrechen für Gott, sodass ich mich »erweitere« um den göttlichen Bereich. Ich begebe mich in die bergende, mich umhüllende Atmosphäre Gottes. Das Heilige umgibt mich wie eine zweite Haut. Oder ich fühle mich wie in einer Höhle. Ich stehe da, lasse mich von der Sonne bescheinen, bin mitten unter den Menschen und zugleich in Berührung mit Gottes Gegenwart. Hier. In mir und um mich herum.

Je mehr ich mich Gott dabei überlasse, desto mehr überlasse ich mich seiner verwandelnden Kraft, die dann zunehmend die Führung über mich übernimmt und mich formt nach ihrem Maß. Ihr Maß ist die Liebe. Die Liebe, die meine Engherzigkeit in Weitherzigkeit, meinen Hass in Zuneigung, meine Rachegelüste in Vergebung verwandelt. Am Abend, vor dem Zubettgehen, hilft mir das Beten, mich mit Gott zu verbinden, in die Welt des Ewigen einzutauchen. Ich koste dann die Erfahrung der Verbundenheit mit dem göttlichen Bereich einen Moment lang aus, überlasse mich und alles, was mich beschwert oder beschäftigt, Gott.

ANSELM GRÜN: Vor allem ist das persönliche Gebet für mich ein Zugang zu Gott. Im persönlichen Gebet setze ich mich einfach vor Gott und halte – ohne dass ich dazu immer Worte formulieren muss – meine Wahrheit Gott hin. Ich stelle mir vor, dass ich vor Gott sitze, dass er mein Herz durchschaut. Ich kann vor Gott nicht sein, ohne meiner eigenen Wahrheit zu begegnen. Aber die Gegenwart Gottes ermöglicht es mir auch, die eigene Wahrheit anzuschauen. Ich fühle mich mit allem, was ich bin, von Gott angenommen.

Das Gebet führt aber nicht immer in die Erfahrung Gottes. Manchmal erlebe ich Gott auch als abwesend. Meistens bin ich dann selbst abwesend. Wenn ich nicht bei mir bin, kann ich auch die Nähe Gottes nicht erfahren. Aber wenn ich ganz bei mir bin und Gott die Sehnsucht meines Herzens hinhalte, so erahne ich ihn. Und dann erfahre ich Gott als den, der mich mit einem tiefen Frieden erfüllt, der mich herausführt aus der Oberflächlichkeit des Alltags. Dann erlebe ich das Leben als lebenswert. Es tun sich andere Dimensionen auf: die Dimension des Heiligen, der reinen Gegenwart, der Liebe, der Transzendenz, des Geheimnisses. Ich werde einfach still und lausche in das Geheimnis hinein.

WUNIBALD MÜLLER: Das ist eine Form des Betens, die ich am Ende des Tages praktiziere. Ich begebe mich in mein Arbeitszimmer, in dem ich mir eine Ecke eingerichtet habe mit einer Ikone, davor steht eine Kerze. Ich zünde die Kerze an, setze mich auf meinen Meditationshocker, schließe die Augen und verweile für einige Minuten in Stille. Oft denke ich an die Menschen, denen ich tagsüber begegnet bin, und an die Menschen, die mir nahestanden und inzwischen gestorben sind. Innerlich verbinde ich mich ganz bewusst mit der größeren Macht, mit Gott, mache mir die Verbundenheit mit ihm bewusst. Am Ende verbeuge ich mich vor dem Größeren, Gott, dem ich mich ganz bewusst und gerne unterordne und vor allem überlasse. Dem ich aber auch alles überlasse. Ich liebe diese Augenblicke. Sie sind für mich kein Muss, sondern eine Labsal für meine Seele.

Im persönlichen Beten wird der unermessliche Gott zu meinem Gott, mit dem ich in einen persönlichen Kontakt trete. Er bleibt nicht länger etwas Anonymes, Kaltes, Distanziertes, sondern wird zu etwas Persönlichem, Personalem, ja zu einem und schließlich zu meinem Du. »Wenn an Gott glauben bedeutet, von ihm in der dritten Person reden zu können, glaube ich nicht an Gott. Wenn an ihn glauben bedeutet, zu ihm reden zu können, glaube ich an Gott« (Buber 1978). Der Gott, zu dem ich bete, zum Beispiel in meinem Leid, »ist mein und aller Gott«.

EUCHARISTIE UND ABENDMAHL – IN DEN GÖTTLICHEN KREISLAUF EINTRETEN

Eucharistie als Stunde der Intimität

WUNIBALD MÜLLER: Mit das Schönste, was mir die Kirche schenkt, ist die Eucharistiefeier. »Wie Brot und Wein gegessen und getrunken werden, so kommt im Abendmahl der lebendige Gott mir nicht nur nahe, sondern sogar näher, als ich mir selber nahe zu sein vermag. Was das Evangelium verheißt, wird hier für mich erfahrbar: *deus interior intimo meo* – »Gott ist meinem Innersten näher, als ich es mir selber bin«, schreibt Otto Hermann Pesch in einem Beitrag in »Christ in der Gegenwart«. Die Eucharistie, zu der für mich auch der Empfang des Leibes und des Blutes in Form von Brot und Wein gehört, ist für mich neben dem Psalmengebet und der Meditation das Herzstück meiner Glaubenspraxis.

Die Eucharistiefeier ist für mich die Stunde der Intimität, mitunter der innigsten Intimität mit Gott, die ihren Höhepunkt in der Wandlung und dann im Empfang des Leibes und des Blutes, des Brotes und des Weines, findet. Gott ist mir mit und ohne Kommunion oder Abendmahl längst näher, als ich ihm jemals nah sein kann. Im Empfang der heiligen Kommunion, im Empfang des Abendmahls darf ich aber dieses unbegreifliche Geheimnis sinnlich erfahren und mit anderen zusammen feiern.

ANSELM GRÜN: Die Eucharistie ist für mich auch ein wichtiger Ort der Gotteserfahrung. Ich kann Gott in der Stille erfahren, in der Meditation, im Gebet. Aber in der Eucharistie schmecke ich Gott. Die Mystikerinnen des Mittelalters sprachen, wie schon erwähnt, von der *dulcedo dei,* von der »Süßigkeit Gottes«. Das Schmecken – so meint der jüdische Religionsphilosoph Walter Schubart – vermag uns genauso zur Ekstase zu führen wie die Sexualität. Daher ist das Schmecken von Brot und Wein für mich eine sehr intensive Begegnung mit Jesus Christus und mit dem Gott, der sich in ihm für mich ausdrückt. Da erlebe ich die Kommunion wie einen Kuss der Liebe.

Ich genieße langsam die Brothostie und spüre, wie Christus sich für mich hingibt, wie er mich mit seiner Liebe, mit der er mich im Tod bis zur Vollendung geliebt hat, erfüllt und durchdringt. Wenn ich im Wein seine menschgewordene Liebe trinke, die sich darin vollendet hat, dass er sein Herz für mich geöffnet hat, um Blut und Wasser auf mich auszugießen, dann schmecke ich im süßen Wein diese Liebe, die stärker ist als der Tod. Es ist die Liebe, von der das Hohelied weiß: »Süßer als Wein ist deine Liebe« (Hld 4,10).

Natürlich weiß ich, dass Gott überall erfahrbar ist. Aber in der Eucharistie spüre ich Gott als den menschgewordenen Gott, als den Gott, der ein menschliches Herz hat, dessen Liebe mir durch die Worte und durch das Antlitz Jesu menschlich nahekommt und dessen Liebe ich in der Kommunion mit allen Sinnen schmecken und genießen darf.

Gotteserfahrung in der Natur

WUNIBALD MÜLLER: John Muir, der sich große Verdienste um die US-amerikanischen Nationalparks erworben hat, bezeichnet das Eintauchen in die Landschaft des Yosemite-Nationalparks in Kalifornien als Taufe im warmen Herzen der Natur. Mir gefällt dieser Vergleich. Ich liebe das Eintauchen in die Natur. Ich schätze die Erfahrungen, bei denen ich mich als Teil der Natur erlebe. Ich kenne die Erfahrung tiefer Verbundenheit mit dem Wald, der Luft, dem Boden, dem Meer und dem Himmel über mir. Für mich sind das tiefe spirituelle Erfahrungen, die mich als Teil der Schöpfung und meines Schöpfers erfahren lassen.

Zugleich bedeutet es mir sehr viel, am Sonntag an einer Eucharistiefeier teilzunehmen. Das gemeinsame Beten und Singen, der Austausch des Friedensgrußes, die Vergegenwärtigung meiner Verbundenheit mit Gott durch den Empfang der heiligen Kommunion. Das alles sind für mich tiefe spirituelle Erfahrungen.

Es geht hier für mich nicht um ein Entweder-oder, Gott also nur in der Natur zu finden oder Gott nur im Gebet oder in der Kirche zu begegnen. All diese Erfahrungen gilt es zuzulassen und als Bereicherung, auch als gegenseitige Bereicherung, zu sehen. So kann eine Wanderung in den Bergen wie eine Taufe »im warmen Herzen der Natur« erfahren werden. Diese Erfahrung kann mich daran erinnern, Gottes »Kind« zu sein, in seinem warmen Herzen geborgen zu sein. Sie kann uns vergegenwärtigen, was es heißt, Gottes geliebter Sohn oder Gottes geliebte Tochter zu sein, was in der Tauffeier besiegelt wird. Als Gottes Sohn oder Tochter will ich aber auch entsprechend leben und mein Leben gestalten. Das bedeutet, immer wieder auch andere Menschen in unser Leben einzubeziehen.

ANSELM GRÜN: Im Urlaub wandere ich am liebsten in den Bergen. Mit meinen Geschwistern mache ich dann täglich Bergtouren. Da brauche ich immer auch das schweigende Gehen, um das Geheimnis der Natur um mich herum wahrzunehmen. Im Sommer mache ich meine Meditation mit dem Jesus-Gebet oft in unserer Bachallee. Auch dort fühle ich mich von der frischen Morgenluft umgeben und spüre darin Gottes erfrischende Gegenwart.

Die Kirche hat lange Zeit die Gotteserfahrung in der Natur als reine Naturfrömmigkeit abgetan. Aber die frühe Kirche hat bewusst die Feste des Kirchenjahres mit Naturfesten verbunden. Das Geheimnis der Auferstehung Jesu erfahre ich eben auch, wenn ich durch die Frühlingswiesen wandere und spüre, dass das Leben überall aufblüht, dass das Leben stärker ist als der Tod. Beides gehört für mich zusammen: die Erfahrung Gottes in der Natur und die Erfahrung Gottes in der Meditation, im Gebet und in der Eucharistie.

WUNIBALD MÜLLER: Von den mittelalterlichen Mystikern in Safed wird berichtet, dass sie zu Beginn des Sabbats hinaus auf die Felder gingen, um die Anwesenheit Gottes zu begrüßen. Die Anwesenheit Gottes wurde dabei oft mit weiblichen Begriffen und Vergleichen wie der Erde, dem Mond und der Nacht umschrieben. Später blieben davon nur noch ein kurzer Gang in den Synagogenhof beziehungsweise ein kurzes Öffnen der Synagogentür und eine Verbeugung in Richtung Westen übrig, um den Sabbat zu begrüßen. Eine Öffnung hin zur Schöpfung und wie sie sich uns in der Natur zeigt, kann zu einer Verlebendigung der Eucharistiefeier beitragen. Nicht umsonst sind ja auch Wanderexerzitien, oft verbunden mit Eucharistiefeiern, so beliebt.

ANSELM GRÜN: Eucharistie feiern wir ja mit den Gaben der Schöpfung, mit Brot und Wein. Im Kirchenschmuck nehmen wir die Natur hinein in den heiligen Raum. Mich hat eine Vision von Teilhard de Chardin, dem französischen Jesuiten und Naturforscher, fasziniert. Da hält er allein in einer Dorfkirche Anbetung vor der Monstranz mit der verwandelten Hostie in ihrem Zentrum. Auf einmal ist es ihm, als ob das Weiß der Hostie den Kirchenraum erfüllt, aus der Kirche herausdrängt und die Natur mit ihrer Weise durchdringt. Christus, den er in der Monstranz sieht, wird für ihn zum kosmischen Christus. Teilhard de Chardin spricht von *amorisation*. Die gesamte Natur ist von der Liebe Jesu durchdrungen, die er in der Hostie anblickt.

Göttliche Energie auftanken

WUNIBALD MÜLLER: Die Feier der Eucharistie oder des Abendmahles ist für mich auch eine besondere Form der Verankerung im Ewigen. In der Eucharistiefeier erinnern wir uns an unsere Erlösung und feiern sie. In diesem Augenblick werden wir der Vergegenwärtigung und Wandlung von Kreuz und Auferstehung teilhaft. Es ist der Augenblick, in dem wir an Gott angeschlossen werden, neue göttliche Energie auftanken, ohne dabei zu explodieren, da das Ritual die Begegnung mit dem unermesslichen Gott kanalisiert. Dabei ist auch entscheidend: »Diese Vergegenwärtigung geschieht nicht durch uns, sie ist nicht unser Werk. Sie geschieht im Heiligen Geist, den wir in der Epiklese an entscheidender Stelle der Liturgie anrufen und auf die Gaben von Brot und Wein herabrufen« (Kasper 2007, S. 31).

Die Teilnahme an einer Eucharistiefeier kann so eine Zeit sein, bei der wir »aufgetankt« werden mit göttlicher Energie. Sie ermöglicht es uns, über eine längere Zeit die erfahrene Anwesenheit Gottes zu kosten. Dabei hängt es von uns ab, ob diese Zeit des Feierns und Betens unsere Wahrnehmung von Gottes Anwesenheit schärft und vertieft, oder ob wir lediglich eine Abfolge von Gebeten, Gesängen und Ritualen verrichten. Mir kommt bei meiner Sehnsucht, während der Eucharistiefeier mit Gott in Berührung zu kommen, das Wenige, das Ruhige entgegen. Lautes und ständiges Beten, das durchaus auch seine Berechtigung hat und das ich auch kenne, verhindert vielfach, mit Gott in Kontakt zu kommen. Ganz dichte Momente der Begegnung mit Gott können die Wandlung oder der Empfang der heiligen Kommunion für mich werden. Da kann es geschehen, dass ich regelrecht die Anwesenheit des Unermesslichen, Unbegreiflichen, Geheimnisvollen spüre oder erfahre.

Oder wenn ich spreche: »O Herr, ich bin nicht würdig, dass du eintrittst unter mein Dach«, kann das ein Augenblick sein, in dem ich mir der Anwesenheit Gottes bewusst werde und in besonderer Weise offen bin für den Kontakt mit ihm. Es kann zugleich der Moment sein, in dem die Schicht in mir, die sensibel ist für das Ewige, ja die Ewigkeit, die laut Kohelet Gott selbst in mich hineingelegt hat, sich angesprochen fühlt und in Bewegung gerät, sich stärker als sonst bemerkbar macht. Bis dahin, dass ich im bewussten Empfang der Kommunion das Wunder erfahren darf, das sich im Vollzug der Kommunion in der Eucharistiefeier immer wieder ereignet.

ANSELM GRÜN: Für mich sind der Augenblick des Empfangs der heiligen Kommunion und die anschließende Stille der Höhepunkt der Eucharistiefeier. Ich kann mich noch gut daran erinnern, mit welcher Andacht ich als Kind die Kommunion empfangen habe. Damals sind wir nach der Kommunion zurück in die Bank gegangen, haben uns niedergekniet und uns die Hände vor das Gesicht gehalten, um ganz bei uns und ganz bei Christus zu sein.

Mich hat berührt, als ich las, dass der Regisseur Christoph Schlingensief nach seiner Krebserkrankung gebetet hat und sich an diesen Augenblick der Kommunion erinnerte: »Gestern Abend habe ich noch gebetet. Das habe ich ewig nicht mehr gemacht. Wobei mir vor allem dieses leise Sprechen, das Flüstern mit den Händen vor dem Gesicht, gutgetan hat, so wie nach dem Empfang der Hostie, wenn man bei sich ist und den eigenen Atem hört und spürt« (Schlingensief 2009, S. 18). Heute setze ich mich aufrecht in die Bank, schließe die Augen und stelle mir vor, wie die Liebe Jesu den ganzen Leib durchdringt und wie sie in meine Arbeit in der Verwaltung hineinfließen möchte.

TEIL VI

Tränen

Mein Herz weint,
weint Tränen,
der Trauer, Hilflosigkeit.
Unsäglich die Ohnmacht,
unerträglich das Leid.
Wie viel Leid, wozu?
Wie viel Elend, warum?
Wer kann es tragen.
Kann kaum erahnen,
die Bedürfnisse der anderen.
Kann nicht helfen.

Anbetung.

Das Elend nimmt seinen Lauf,
das Leid breitet sich aus.
Und ich bete.
Unnütz?

Mein Herz weint Tränen,
kannst du sie sehen?

Mein Herz weint,
und ich bin ohnmächtig.
Mein Sohn, entfremdet.
Mein Vater, voller Krankheit,
Freundinnen, daniedergestreckt.

Mein Herz weint Tränen,
für die Leidenden,
für die Kranken,
für die Trostlosen.

Jede Träne aus der Tiefe meines Herzens,
jede Träne ein Gebet,
jede Träne eine Fürbitte,
jede Träne ein Flehen.
Herr, hilf,
erbarme dich!

Sabine Wagner

GOTT UND DAS LEID –
DER DUNKLE GOTT

Wie kann es einen Gott geben, wenn es doch so viel Leid auf der Welt gibt?

WUNIBALD MÜLLER: Vor einiger Zeit verbrachte ich einige Tage bei den Karmelitinnen, die neben der Gedenkstätte des ehemaligen Konzentrationslagers in Dachau ihr Kloster haben. An diesem Ort kommt mehr als an anderen Orten die Frage auf: Wo war hier Gott? Dein Mitbruder Pater Sales Hess verbrachte in diesem Lager einige Jahre und hat darüber ein Buch geschrieben mit dem Titel *Dachau, eine Welt ohne Gott*. Er berichtet darin auch von seinem Ringen, warum gerade er dort hinmusste. »Warum muss von allen Mitbrüdern gerade ich solch einen bitteren Kelch trinken? Worin habe ich gefehlt? Immer wieder durchforste ich mein Gewissen. Das Auge der göttlichen Gerechtigkeit mochte manches Anstößige finden. Aber weshalb eine so schwere Strafe? Sollte das wirklich der Wille Gottes sein?« (Hess 1995, S. 50f.). So fragte er sich, um dann selbst darauf zu antworten: »Gott kann auch einen Unschuldigen leiden lassen. Er hat ja seinen eingeborenen, vielgeliebten Sohn nicht geschont ... Ich sah es ein: Es war falsch, unbedingt eine schwere Schuld konstruieren zu wollen, um solch ein schweres Leid zu verstehen. Gott denkt anders als wir Menschen.«

ANSELM GRÜN: Sobald wir über Gott sprechen, hören wir den Vorwurf: Wie kann es einen Gott geben, wenn es doch so viel Leid auf der Welt gibt? Wie kann Gott das zulassen, dass unschuldige Menschen sterben? Warum greift Gott nicht ein, wenn ein Amokläufer unbeteiligte Menschen einfach wahllos niederstreckt? Was ist das für eine Schöpfung, in der immer wieder Naturkatastrophen viele Menschen töten? Warum lässt Gott das Leid zu?

Es sind zwei Fragen: die Frage nach der Existenz Gottes und die Frage nach dem Warum. Die Frage nach der Existenz Gottes ist für mich unabhängig von der Frage des Leids. Für manche ist das Leid der Impuls, sich gegen Gott zu entscheiden. Ich will nicht an einen Gott glauben, wenn es Leid gibt. So tut es Iwan Karamasow in Dostojewskis Roman *Die Brüder Karamasow.* Er will die von Gott geschaffene Welt nicht akzeptieren. Für ihn ist der Preis zu hoch, den er als Mensch für das Leid, das die Welt erfüllt, zahlen muss. »Meine Tasche erlaubt es mir durchaus nicht, so hohen Eintrittspreis zu zahlen. Daher beeile ich mich auch, meine Eintrittskarte zurückzugeben. Nicht, dass ich Gott nicht gelten lasse, Aljoscha, aber ergebenst gebe ich ihm die Eintrittskarte zurück.«

Für andere ist das Leid gerade die Herausforderung, sich

von Neuem auf den Weg zu Gott zu machen. Das Leid erschüttert sie und stellt sie vor die Frage, wie sie einen Sinn in ihrem Leben sehen wollen. Oft bricht uns das Leid auf, damit wir in Gott den Sinn und Grund unseres Lebens erkennen. Das Leid ist weder ein Beweis für Gott noch ein Beweis gegen Gott. Aber es ist auf jeden Fall eine Herausforderung, nicht zu naiv von Gott zu reden. Das Leid stellt mein Gottesbild infrage und zwingt mich, die Unbegreiflichkeit des Leids mit der Unbegreiflichkeit Gottes zu verbinden, wie es Karl Rahner getan hat.

WUNIBALD MÜLLER: Ich erinnere mich an eine Klientin, die nach einem Unfall nicht länger an Gott glauben konnte. Sie konnte es Gott nicht verzeihen, dass ihr das widerfahren war. Für sie wäre – spirituell betrachtet – diese Erfahrung eine Chance gewesen, spirituell nachzureifen. Sie hätte ihr Bild von Gott, der sie vor Leid, vor der Erfahrung von Angst und Abstürzen zu bewahren hat, als absurd entlarven und ihre engen Vorstellungen von Gott weiten können.

Doch du wolltest noch einen weiteren Aspekt erwähnen, der im Zusammenhang mit Leid und Gott eine Rolle spielt.

ANSELM GRÜN: Die zweite Frage ist die Frage nach dem Warum. Diese Frage kann ich nicht beantworten. Denn ich weiß nicht, was Gott denkt. Ich kann mich nicht über Gott stellen und erkennen, welche Gedanken bei Gott ablaufen. Ich kann nur feststellen, dass es Leid gibt, dass das Leid oft ungerecht Menschen trifft. Da bekommt ein Mann, der sich mit seiner ganzen Kraft für andere Menschen eingesetzt hat, einen unheilbaren Krebs. Ich kann darin keinen Sinn erkennen. Ich kann nur überlegen, wie ich auf das Leid reagiere. Dabei kann mir der Glaube helfen.

Aber eine Erklärung für das Leid gibt mir der Glaube nicht. Das Leid ist für mich immer wieder die Herausforderung, meine Vorstellungen von mir selbst, von meinem Leben und von Gott zerbrechen zu lassen, damit ich aufgebrochen werde für mein wahres Selbst, für neue Möglichkeiten meines Lebens und für den unbegreiflichen Gott.

WUNIBALD MÜLLER: Ohne jetzt Leiderfahrungen schönreden zu wollen, so können sie unsere Beziehung zu Gott intensivieren und innerlicher machen. »Ich vermisse meinen Krebs«, vertraute eine Frau einmal ihrem Seelsorger an. Solange sie dachte, krebskrank zu sein, hatte sie eine innige Beziehung zu Gott, hatte sie sich ganz ihm überlassen. In Zeiten äußerer und innerer Not kann Gott uns viel näher sein als in Zeiten, in denen es uns gut geht. Das ist die eine Seite. Andererseits bedarf es aber auch zuweilen der Korrektur eines Gottesbildes, das Gott einseitig mit Gesundheit, Wohlergehen und Abwesenheit von Leid verbindet.

ANSELM GRÜN: Jede Krankheit ist eine Herausforderung, das eigene Gottesbild infrage zu stellen. Peter Schellenbaum meint zu Recht, dass wir oft ein zu harmloses Gottesbild in uns tragen. Von diesen harmlosen, »fade gewordenen« Gottesbildern geht kein Impuls mehr für die Selbstwerdung des Menschen aus. Nur wenn Gott der Unbegreifliche ist, der Dunkle, der uns in dunkle und bisher unbekannte Bereiche unserer Seele führt, bleiben wir innerlich auf dem Weg. Wer ein zu glattes Gottesbild in sich trägt, bleibt innerlich stehen.

Gerade in der Auseinandersetzung mit dem Gott, an dem wir uns reiben, kommen wir innerlich weiter, entdecken wir in uns Bereiche unseres Selbst, die uns bisher verborgen geblieben sind.

Ich kenne in mir auch die Gefahr, dass ich mir Gott »zurechtlege«. Doch dann begegnet mir Gott gerade in Situationen, die auf den ersten Blick nichts mit Gott zu tun haben, so wie Jakob gerade in der Nacht im Kampf mit dem dunklen Mann Gott begegnete und auf diese Weise einen großen Schritt auf seinem Weg der Selbstwerdung gemacht hat. Manchmal sind es gerade die Worte Jesu, über die ich mich ärgere, die mich in neue Bereiche meines Menschseins führen.

Du sollst dir kein Bild von Gott machen

WUNIBALD MÜLLER: Da zeigt sich, wie recht das Alte Testament hat, wenn es dort heißt, wir sollen uns kein Bild von Gott machen. Wie gut wir beraten sind, uns immer wieder von den Bildern von Gott zu lösen, die wir verständlicherweise in uns malen und haben. Das kann uns davor bewahren, uns, was Gott betrifft, einzurichten, Gott auf unsere Ebene herabzuholen. Es bleibt dann spannend, weil da etwas nicht ganz geklärt und gelöst ist, wir aber daran interessiert sind, es wissen wollen.

Gnade aber, davon bin ich überzeugt, ereignet sich vor allem in der Spannung und nicht so sehr in der Lösung. In dieser Offenheit, dadurch, dass wir uns nicht festlegen, was und wie Gott ist, schaffen wir Gott selbst die besten Voraussetzungen, sich uns so zu zeigen, wie er ist, vor allem aber an uns und in uns so zu wirken, wie es ihm gefällt.

ANSELM GRÜN: Die Bibel sagt: »Die Furcht des Herrn ist der Anfang der Weisheit« (Ps 111,10). Jede tiefe Erfahrung erzeugt in uns Furcht, ein Erschauern und Erschrecken. Ein Sonnenuntergang kann uns unter die Haut fahren, ebenso das Rauschen des Windes. Heute sind wir in Gefahr, Gott als allzu lieblich zu schildern. Natürlich ist Gott die Liebe. Aber Gott ist auch der Heilige, der sich unserem Zugriff entzieht. Und er ist der, der in uns Schrecken hervorrufen kann.

Als wir 1975 einen Kurs über Beten im Mönchtum hielten und dazu Ordensleute und Psychologen aus Rütte eingeladen hatten, da meinten einige Ordensleute, wir – das waren Pater Fidelis, Pater Meinrad, Pater Udo und ich – würden wieder konservativ, weil wir von Furcht Gottes und Reinheit des Herzens sprachen – von den alten Worten, die die Mönche für ihre Erfahrung Gottes benutzt hatten. Heute könne man doch nicht mehr von Furcht Gottes sprechen, Gott sei doch reine Liebe! Da entgegnete eine Psychologin, sie verstehe sehr gut, was wir damit meinten. Denn ihr sei Gott schon »in die Knochen« gefahren.

Wir dürfen Gott nicht auf unsere Stufe hinabziehen. Als der Heilige ist er der, der sich unserem Zugriff entzieht. Karl Rahner wird nicht müde, von der Unbegreiflichkeit Gottes zu sprechen, von dem Gott, der sich unserem Verstehen entzieht, und von dem Gott, vor dem wir uns anbetend verneigen, weil wir ihn nicht begreifen und weil er unendlich größer ist als wir. Nur wenn wir diesen Aspekt des *tremendum* bewahren, können wir richtig von Gott sprechen.

WUNIBALD MÜLLER: Ein Aspekt, der hier auch anklingt, bezieht sich auf den Respekt, den ich vor Gott habe oder nicht habe. Oder man kann auch von der Ehrfurcht sprechen, die ich gegenüber Gott empfinde. Furcht vor Gott wird hier verstanden als Ehrfurcht, als Respekt gegenüber einer höheren Macht. Diese Ehrfurcht und Würdigung führen dazu, dass wir Gott verehren, uns vor ihm verneigen. Sie führen dazu, dass wir uns dieser größeren und höheren Macht überlassen. Das schützt uns vor der Überheblichkeit, vor der Gefahr, uns selbst an die Stelle Gottes zu setzen. Wir werden an unsere Grenzen erinnert. Das gilt für jeden Einzelnen in seinem privaten und beruflichen Leben. Es gilt gleichermaßen – und da vielleicht sogar noch in besonderer Weise – für die Personen, die eine besondere Verantwortung tragen, zum Beispiel Wissenschaftler oder Politiker.

Furcht vor Gott in diesem Sinne finde ich richtig und wichtig. Wer in dieser Furcht vor Gott lebt, der ist sensibel dafür, was sein Verhalten auslöst, ob er seine Grenzen überschreitet. Sein Umgang mit der Schöpfung und den Menschen wird geprägt sein von dieser Furcht als Ehrfurcht vor Gott.

Wir sind in unserem Gespräch auf die Bedeutung, die der Verankerung in Gott zukommt, um uns vor Überschätzung und Hybris zu schützen, eingegangen. Sehr eindrucksvoll beschreibt das C.G. Jung (2001, S. 103f.) in seinem Buch *Antwort auf Hiob*:

»Auf den Menschen kommt es nun an: Ungeheuere Macht der Zerstörung ist in seine Hand gegeben, und die Frage ist, ob er dem Willen, sie zu gebrauchen, widerstehen und ihn mit dem Geiste der Liebe und Weisheit bändigen kann. Aus eigener Kraft allein wird er dazu kaum fähig sein. Er bedarf dazu eines ›Anwaltes‹ im Himmel ... Es kommt jetzt nur noch darauf an, ob der Mensch eine höhere moralische Stufe, das heißt ein höheres Niveau des Bewusstseins zu erklimmen vermag, um der übermenschlichen Macht, die ihm die gefallenen Engel zugespielt haben, gewachsen zu sein.«

Der dunkle Gott

ANSELM GRÜN: C.G. Jung hat sich in seinem Buch *Antwort auf Hiob* auch gegen die christliche Lehre vom Bösen als der *privatio boni,* dem »Mangel am Guten«, gewehrt. Er plädiert dafür, dass das Böse auch in Gott ist. Wenn ich die Darlegungen C.G. Jungs als Ausdruck persönlicher Erfahrungen gelten lasse, dann verstehe ich sie und finde darin wichtige Erkenntnisse. Aber Jung hat sich in diesem Buch über die Grenze des Psychologen gewagt und letztlich theologische Aussagen gemacht, die ich nicht immer akzeptieren kann. Trotzdem gibt er mir Anstöße, über Gott angemessen zu reden. Und da ist sicher das Bild des dunklen Gottes eine wichtige Herausforderung.

Der dunkle Gott – das heißt für mich nicht, dass in Gott

auch das Böse ist. Jung sagt zu Recht, dass Gott nicht in das Gute und Böse gespalten ist, sondern dass wir ihn als gegensätzlich erfahren, als Helfer und als Verfolger. Aber wir müssen unterscheiden zwischen der Erfahrung, die wir von Gott machen, und dem Wesen Gottes. Theologisch können wir nicht sagen: Gott ist auch das Böse. Denn das widerspricht allen biblischen Aussagen, dass Gott das Licht ist. Aber das Alte Testament zeigt uns durchaus auf, wie Gott sich als dunkler Gott uns zeigen kann.

Die berühmte Geschichte vom Jakobskampf verweist uns auf den dunklen Gott. Jakob kämpft hier mit einem dunklen Mann, der ihm ans Leben will. Aber gerade von diesem dunklen und unbegreiflichen Gegner will er sich segnen lassen. Und er erfährt in dieser Auseinandersetzung mit dem eigenen Schatten und dem Dunklen, das ihm von außen entgegentritt, dass Gott selbst ihn segnet. Gott kann uns gerade im Dunklen begegnen. Und Gott kann für uns dunkel bleiben, unbegreiflich, scheinbar das Gegenteil von Liebe und Güte.

WUNIBALD MÜLLER: Für mich als Therapeut heißt das, zu meinen wahren Gefühlen zu stehen, darunter auch zu den sogenannten negativen Gefühlen wie Neid, Ärger, Wut, ja selbst Hass. Nicht, dass ich diese immer ausagieren muss. Es geht darum, dazu zu stehen, nicht so zu tun, als wären sie nicht da. Sie sind da und sie bleiben da, werden aber mit einem spirituellen »Zuckerguss« kaschiert. Gott wird dann auf einen »Friede-Freude-Eierkuchen-Gott« reduziert. Die sogenannten negativen Gefühle finden dann, wie du es beschreibst, auf eine subtile Weise ihren Ausdruck, etwa in herzlosem und intolerantem Verhalten gegenüber Andersdenkenden und Abweichlern. Vor diesem Hintergrund ist es auch gut nachvollziehbar, dass gerade in betont christlichen Gemeinschaften, aber auch in einem anderen kirchlichen, nicht selten auch offiziell kirchlichen Kontext, sozusagen »unter der Decke«, viel unangeschaute und daher unerlöste negative Energie vorhanden ist. Sie verschafft sich negativen Ausdruck in autoritärem Gehabe, Anspruchsdenken und Lieblosigkeit.

Die Schattenseite, die nicht wirklich angeschaut und angenommen worden ist, bleibt unbeleuchtet, fristet weiterhin ein Schattendasein. Würde man sich seinen wirklichen Gefühlen stellen und zugeben, dass es diese Seite in sich selbst auch gibt, würde einen das zunächst vielleicht entsetzen, zugleich aber auch demütiger machen.

Lasse ich mich auf einen solchen Prozess ein, bekommt auch Gott Konturen. Gott ist nicht länger nur ein Weichspüler. Gott wird zum Schwarzbrot, das man kräftig kauen muss. Gott erspart uns nicht die Konfrontation mit uns selbst, mit dem Mitbruder und der Mitschwester. Er fordert sie regelrecht heraus. Da wird Gott zu einem, der uns fordert, herausfordert, den Konflikt und den Streit nicht scheut.

ANSELM GRÜN: Dorothee Sölle meinte einmal etwas humorvoll, Theologen, die die dunkle Seite Gottes ausklammern, bleiben »theologische Playboys, die durch das, was sie für Glauben halten, daran gehindert werden, erwachsen zu werden« (Sölle 1981, S. 149). Wir sind als Christen sicher in Gefahr, dass wir uns nur den lieben Gott vorstellen, und zwar mit sehr harmlosen Bildern. Gott ist immer auch der

Unbegreifliche. Gerade im Leid und in der eigenen Schuld begegnen wir den dunklen Seiten Gottes. Und der dunkle Gott lädt uns ein, uns den eigenen Schattenseiten zu stellen. Theologisch ist es sicher sinnvoll, zwischen Gott und Gottesbild zu unterscheiden.

Es geht nicht darum, objektive Aussagen über Gott zu machen, dass in ihm das Böse sei. Vielmehr meint die Rede vom dunklen Gott, dass wir uns in der Begegnung mit Gott den unbegreiflichen und »dunklen«, den unverständlichen Seiten Gottes stellen und damit zugleich den dunklen Seiten unserer eigenen Seele. Nur dann verwandelt uns die Begegnung mit Gott. Sonst würden wir Gott nur dazu missbrauchen, uns als fehlerlose »Pharisäer« hinzustellen und das Böse auf andere Menschen zu projizieren. Das geschieht ja bei vielen christlichen Moralisten und bei fundamentalistischen Christen, die sich allein als rechtgläubig betrachten und alle anderen mit sehr aggressiven Ausdrücken belegen, die ihrem Gottesbild der reinen Liebe ganz und gar nicht entsprechen. Wenn das Dunkle nicht integriert wird, wird es auf andere projiziert.

»Mein Gott, mein Gott, warum hast du mich verlassen?«

WUNIBALD MÜLLER: Wir sprechen über Gott und das Leid und über die dunkle Seite Gottes. Dazu kann auch die Erfahrung von Gott-Verlassenheit zählen, vor der selbst Menschen, die an Gott glauben und die ihm ihr Leben verschrieben haben, nicht verschont bleiben. »Mein Gott, mein Gott, warum hast du mich verlassen?«, schrie Jesus am Kreuz.

Auch die Gott-Verlassenheit, die Gott uns zumutet, müssen wir aushalten. Ebenso das Gefühl, von Gott alleingelassen zu sein. Hier gilt es, sich nicht zu schnell der Erfahrung des Alleinseins zu entledigen, indem man sich an Gott festklammert. Ich muss mich in meinem Alleinsein aushalten können, um Gott auf einer tieferen Ebene begegnen zu können. Doch darüber werden wir ja im nächsten Kapitel ausführlicher sprechen.

ANSELM GRÜN: Johann Baptist Metz (1991, S. 29) macht der heutigen Theologie den Vorwurf, dass sie den Verlassenheitsschrei Jesu »mythisch oder idealistisch zum Verstummen gebracht« habe. An diesem Vorwurf ist sicher etwas dran. Jesus hat mit diesem Schrei am Kreuz geendet. Die Auferstehung lässt diesen Schrei nicht verstummen. Sie erlaubt uns vielmehr, dass wir uns der eigenen Verlassenheit stellen. Die Erfahrung der Verlassenheit gehört zu unserer Gottesbeziehung. Die Exegeten sagen uns, dass der Schrei Jesu am Kreuz der erste Vers von Psalm 22 ist. Und es ist wahrscheinlich, dass Jesus den ganzen Psalm am Kreuz gebetet hat. Dieser Psalm endet nicht in der Verzweiflung, sondern im Vertrauen: »Er verbirgt sein Gesicht nicht vor ihm; er hat auf sein Schreien gehört« (Ps 22,25).

Jesus schreit seine Klage Gott entgegen. Er wendet sich in seiner Verlassenheit an den, der ihn auch noch in der letzten Einsamkeit trägt. Die Spannung, die in diesem Vers zum Ausdruck kommt, gilt auch für uns: Trotz allen Glaubens, trotz aller spirituellen Wege gibt es Erfahrungen von Verlassenheit, von Gottferne, von Dunkelheit, von Verzweiflung, die wir nicht überspringen dürfen. Friedrich Nietzsche aber hat es so ausgedrückt, dass wir nicht in der Verzweiflung bleiben, sondern sie mit unserer Sehnsucht verbinden sollten. Dann entsteht in diesem Abgrund zwischen Verzweiflung und Sehnsucht Mystik: »Wo Verzweiflung und Sehnsucht sich begatten, da entsteht Mystik.«

GOTT UND DIE HEILUNG DES MENSCHEN

Gott die ganze Wahrheit hinhalten

ANSELM GRÜN: In der geistlichen Begleitung erlebe ich, dass Menschen in ihrer Spiritualität krank geworden sind, weil sie nicht den Mut hatten, ihre ganze Wahrheit Gott hinzuhalten. Sie haben Gott vielmehr dazu missbraucht, ihre eigenen Schattenseiten abzuspalten. Umgekehrt erlebe ich aber auch, dass der Glaube zu heilen vermag. Gott entfremdet uns nicht der eigenen Wirklichkeit, sondern führt uns in den Grund unserer Seele, dorthin, wo heilende Kräfte in uns sind.

Amerikanische Psychologen und Mediziner haben Forschungen angestellt, um zu beweisen, dass die Beziehung zu Gott eine heilsame Wirkung auf den Menschen hat und dass Krankheiten schneller heilen, wenn Menschen eine gute Beziehung zu Gott haben und regelmäßig zu ihm beten. Diese Untersuchungen können uns darin bestätigen, in Gott den Grund unseres Heils und unserer Heilung zu sehen. Aber manchmal habe ich auch den Eindruck, dass sie Gott allzu leicht verzwecken wollen. Man möchte beweisen, dass es etwas bringt, an Gott zu glauben und zu ihm zu beten.

Für mich geht es in erster Linie darum, eine gesunde Spiritualität zu entwickeln, in der ich mit meiner ganzen Wahrheit vor Gott sein darf, in der ich Gott als den erlebe, der mich mit seiner heilenden Liebe durchdringt. Das Ziel der Spiritualität ist nicht, gesund zu werden, sondern Gott zu begegnen. Aber wenn ich Gott begegne, dann kann das sehr wohl zu meiner Gesundung beitragen.

Das haben schon die frühen Mönche so erkannt. Evagrius Ponticus meint, der erste Schritt auf dem Weg zu Gott sei die Auseinandersetzung mit den neun Leidenschaften der Seele. Indem ich mich den Leidenschaften stelle und mich mit ihnen auseinandersetze, gelange ich zur *apatheia,* zur »inneren Freiheit«, werde frei vom pathologischen Verhaftetsein an die Leidenschaften (an die *pathe*). Evagrius bezeichnet *apatheia* als Gesundheit der Seele. Die Begegnung mit Gott, dem ich meine Wahrheit hinhalte, führt also nach Evagrius zur Gesundheit der Seele. Gott wird hier nicht verzweckt. Die Gesundheit ist vielmehr das Geschenk echter Gottesbegegnung.

WUNIBALD MÜLLER: Das Ziel der Spiritualität ist nicht, gesund zu werden, sondern Gott zu begegnen, sagst du. Das vergisst man oft. Dann muss die Spiritualität für etwas herhalten, wofür sie nicht zuständig ist. Etwas anderes ist es, gut hinzuschauen, ob ich eine Spiritualität pflege, die zu meiner körperlichen und seelischen Gesundheit beiträgt, diese fördert – oder aber ihr schadet. So gibt es auch eine Spiritualität, die krank macht, indem sie von uns mehr verlangt, als

wir körperlich leisten können. Auch gibt es eine Spiritualität, die uns kleinhält, uns depressiv stimmt, die unsere Krea-
tivität und Spontaneität durch Legalismus und Dogmatismus tötet oder uns mit falschen Schuldgefühlen belädt. Eine
solche Spiritualität nährt uns nicht, sondern zehrt uns aus.

Eine gesunde, lebendige Spiritualität muss mit dem *ganzen* Menschen verwoben sein. Sie muss durch mich, meine
Art, in der Welt zu sein, meine Person, mein Auftreten und
mein Tun zum Ausdruck kommen. Sie muss schließlich eine
prägende Kraft in meinem Werdeprozess ausmachen, beseelt
von dem Ziel, dass ich zunehmend *ganz* Mensch werde,
mich zu der Person entfalte, die ich in den Augen Gottes
werden soll. Wenn eine Spiritualität das »leistet«, ist sie eine
gesunde, geerdete Spiritualität.

Trägt meine Spiritualität dagegen nicht dazu bei, dass ich
ganz Mensch werde und sein kann, ja behindert und beein-
trächtigt meine Spiritualität meine Menschwerdung beziehungsweise mein Menschsein, dann kann man auch, wie in
unserem Gespräch in einem anderen Zusammenhang erwähnt, von *Spiritual bypassing*, sprich »spiritueller Abkürzung« sprechen. Dabei werden spirituelle Ideen und Praktiken dazu benutzt, um persönliche, emotional unverarbeitete
Probleme zu umgehen oder grundsätzliche menschliche
Bedürfnisse, Gefühle und Entwicklungsaufgaben zu ver-
niedlichen – und das alles im Namen der Spiritualität. Die
Unfähigkeit, sich dem eigenen persönlichen Entwicklungs-
prozess zu stellen, nicht bereit zu sein, *ganz* Mensch zu werden und zu sein, wird gleichsam heiliggesprochen, ja als Tugend herausgestellt (vgl. Welwood 2002, S. 207ff.).

ANSELM GRÜN: Jede Spiritualität, die spaltet, macht krank. Wenn ich die Spiritualität dazu benutze, mich mit frommen Gedanken und Gefühlen einzulullen, dabei aber der Wirklichkeit meiner Seele und meines Leibes ausweiche, dann bin ich immer in Gefahr, krank zu werden. Denn dann spalte ich mich zwischen meinen frommen und unfrommen, zwischen meinen spirituellen und gottlosen Anteilen.

Die Spiritualität, zu der uns die frühen Mönche einladen, geht einen anderen Weg. Sie sagt: »Alles in dir darf sein. Aber halte alles, was in dir auftaucht, Gott hin. Du brauchst nicht zu erschrecken vor dem, was in dir hochkommt, wenn du still wirst. Halte es Gott hin, damit Gottes Licht deine Dunkelheit durchdringt, dass Gottes Klarheit dein inneres Chaos ordnet und Gottes Frieden den Vulkan in deiner Seele beruhigt.«

Wenn ich von dieser Spiritualität spreche, dann fragen manche Zuhörer oft: »Ja, genügt es denn, mich einfach anzunehmen, wie ich bin? Brauche ich nicht mehr an mir zu arbeiten?« Die Frage ist berechtigt. Aber es geht nicht darum, die Hände in den Schoß zu legen. Christliche Spiritualität ist auch von Askese geprägt. Askese meint Training. Im Training übt man sich in neue Verhaltensweisen ein. Der christliche Grundsatz lautet: »Ich kann nur ändern, was ich angenommen habe.« Wir wollen ja wachsen, wir wollen uns wandeln. Aber verwandelt wird nur das, was ich in mir wahrnehme und Gott hinhalte. Was ich verdränge, wird weiterhin in mir rumoren.

WUNIBALD MÜLLER: Eine solche Spiritualität ist in alle Bereiche einbezogen, die unser Leben ausmachen. Sie begrenzt Gottes Aktivität nicht auf die Sphäre des sogenannten Heiligen, was vorwiegend als Gebet, die Spendung der Sakramente oder andere kirchenbezogene Aktivitäten verstanden wird – so wichtig sie sind. Vielmehr begreift sie alle Aspekte der Welt und unseres Seins als Arena für Gottes Handeln. Sie ist in das Konzert unseres ganzen Lebens integriert, steht in Beziehung zu unserem Leib, unserer Psyche, unserer Seele, beeinflusst unsere menschlichen Beziehungen.

Für manche Menschen ist es auf ihrer Suche nach einer geerdeten und gesunden Spiritualität zunächst einmal wichtig, sich von einem Glauben, einer Kirche, einer Gemeinschaft zu verabschieden, die sie als nicht förderlich für eine gesunde Spiritualität erlebt haben, die mit dazu beigetragen haben, dass ihre Seele verkümmerte, ihrer Seele die Nahrung vorenthalten wurde, die sie wirklich nährt und trägt. Auf der anderen Seite scheint es mir notwendig zu sein, dass jene, die sich von einer Spiritualität verabschiedet haben, die ihnen geschadet hat, sich auf die Suche nach einer Spiritualität machen, die sie zu nähren vermag. Denn eine gesunde Spiritualität ist für unser Leben und für ein geglücktes Menschsein wichtig. In diesem Sinne ist auch der Tiefenpsychologe C.G. Jung (1988, S. 353ff.) zu verstehen, wenn er sagt: »Unter allen meinen Patienten jenseits der Lebensmitte, das heißt jenseits 35, ist nicht ein Einziger, dessen endgültiges Problem nicht das der religiösen Einstellung wäre. Ja, jeder krankt in letzter Linie daran, dass er das verloren hat, was lebendige Religionen ihren Gläubigen für alle Zeiten gegeben haben, und keiner ist wirklich geheilt, der seine religiöse Einstellung nicht wieder erreicht, was mit Konfession oder Zugehörigkeit zu einer Kirche natürlich nichts zu tun hat.«

Es geht also darum, eine Spiritualität zu suchen und dann auch zu pflegen, die zu unserer seelischen und körperlichen Gesundheit beiträgt, die uns existenziell berührt, die uns in Grenzerfahrungen unseres Lebens zu tragen vermag, die aus unserer Tiefe kommt und in unsere Tiefe hineinwirkt.

Für eine therapeutische Spiritualität

ANSELM GRÜN: Die Spiritualität, von der du sprichst, wird deutlich in den Heilungsgeschichten der Bibel. Wenn ein Kranker auf Jesus zugeht, dann spricht er ihn nicht mit frommen Worten an. Vielmehr lässt er sich ein auf seine Krankheit, auf seinen Aussatz, auf das Gefühl, von allen abgelehnt zu werden, auf seine Lähmung, auf die Angst, die ihn lähmt, auf die blinden Flecken, die der Blinde nicht anschauen möchte.

Jesus berührt die Menschen an ihrer Wunde. Er lässt die heilende Kraft Gottes in die Wunden strömen. Manchmal allerdings heilt Jesus auch auf sehr konfrontierende Weise. Als der Gelähmte am Teich von Betesda klagt, dass er keinen Menschen habe und die anderen es besser hätten als er, reagiert Jesus nicht mit Mitleid, sondern mit dem strengen Wort: »Steh auf, nimm deine Bahre und geh!« (Joh 5,8). Jesus bringt ihn wieder in Berührung mit der Kraft, die in ihm verborgen ist, von der er aber abgeschnitten war.

Die vielen Heilungsgeschichten der Bibel zeigen uns, dass die christliche Spiritualität von ihrem Ursprung her eine therapeutische Spiritualität ist. Das zeigt sich auch im Aussendungsbefehl Jesu:»Geht und verkündet: Das Himmelreich ist nahe: Heilt Kranke, weckt Tote auf, macht Aussätzige rein, treibt Dämonen aus!« (Mt 10,7–8). Dieses Wort Jesu ist eine ständige Herausforderung an uns Prediger, wie wir von Gott reden, ob von unseren Worten etwas Heilendes ausgeht, etwas Klärendes und Befreiendes.

WUNIBALD MÜLLER: Für eine therapeutische Spiritualität sind, wie ich es bereits angedeutet habe, Weite und Weitung wichtig. Die eher konventionelle Spiritualität konzentriert sich auf bestimmte isolierte Bereiche des Lebens, anstatt die gelebte und erlebte Erfahrung des ganzen Lebens einzubeziehen. Was nicht in die vorgegebenen engen Kategorien passt, wird oft ignoriert oder abgewertet. Das führt zu einer Spiritualität, die unvollständig bleibt und daher nicht selten abgrenzend negativ, klerikal ankommt. Manchmal hat sie keinen echten Bezug zu unserer Lebenswirklichkeit und wird damit einhergehend auch wenig oder kaum spürbar als therapeutisch, also heilend erlebt. Eine ganzheitlich ausgerichtete Spiritualität ist dagegen darum bemüht, das ganze Leben im Blick zu haben und ihren Teil zu einem Leben in Fülle beizutragen.

Ganzheitlichkeit ist die Bindeklammer zwischen Gesundheit und Spiritualität und dann auch Gesundheit und Heiligkeit. Spiritualität und Gesundheit haben viel mit Harmonie oder Integration der ganzen Person zu tun, zu der unser Körper, unser Geist und unsere Seele gehören. Ein ganzheitlicher Ansatz bezieht die ganze Person ein: ihr Handeln, ihre Einstellungen, ihre Gefühle, ihre Gedanken, ihre

Beziehungen, ihre Hoffnungen und Ziele, und so weiter. Aus biblischer Sicht ist die menschliche Person niemals nur die Summe von Teilen, sondern immer ein Ganzes. Körper, Geist und Seele sind nicht etwas, was wir haben, sondern was wir sind.

ANSELM GRÜN: Auf der einen Seite ist diese ganzheitliche Sicht wichtig für eine therapeutische Spiritualität. Wir sollen unseren Leib und unsere Seele Gott hinhalten, damit seine heilende Kraft in alle Kammern unseres Leibes und unserer Seele strömen kann. Auf der anderen Seite dürfen wir Spiritualität nicht mit Gesundheit identifizieren. Sonst würden wir jedem Kranken Schuldgefühle vermitteln, er wäre nicht spirituell genug. Auch in einer gesunden Spiritualität kann ich krank werden. Es gibt die Krankheit, die mir einfach von außen widerfährt. Da soll ich nicht fragen, was ich verkehrt gemacht habe. Vielmehr soll ich sie als spirituelle Herausforderung annehmen. Die Krankheit soll mich dann zu meinem wahren Selbst führen und auf neue Weise zu Gott hintreiben.

Sich in Einklang mit der Schöpfung und dem Schöpfer befinden

WUNIBALD MÜLLER: Natürlich kann ich auch bei der Pflege einer gesunden Spiritualität krank werden. Genau dann wird sich zeigen, wie gesund, wie ganzheitlich, wie tief meine Spiritualität ist. Wie sehr sie sich auch in Krankheit und Not bewährt. Im Unterschied dazu gibt es aber auch Einstellungen, die uns davon überzeugen wollen, dass Heiligkeit und Gesundheit letztlich überhaupt nicht in Einklang zu bringen sind. Von der heiligen Hildegard wird oft der Satz zitiert: »Tu deinem Leib Gutes, damit die Seele darin wohnen kann.« Sie schreibt aber auch: »Gottes Wohnung pflegt nicht in einem gesunden Leib zu sein.« Dahinter steht die Vorstellung, wer heilig werden wolle, müsse sich notgedrungen auf den Weg der Abtötung begeben.

Die Erfahrung von Leid und Dunkelheit kann uns näher zu Gott bringen. Doch die ursprüngliche Bedeutung des Wortes »heilig« meint gesund und ganz. Krankheit stellt eine Wirklichkeit unseres Lebens dar, der wir nicht entrinnen können. Doch die Ehre Gottes ist der lebendige Mensch, sagt Irenäus von Lyon. Unsere Aufgabe ist es, das zu unterstützen, zu hegen und zu pflegen, was zu unserer Lebendigkeit, zu unserer Gesundheit, zu einem Leben in Fülle beiträgt, und nicht das, was uns davon wegführt.

Heilig, ganz, gesund sind wir, wenn wir uns im Einklang mit dem Göttlichen befinden. Wenn wir uns nicht so verhalten, als seien wir getrennt, losgelöst davon. Dabei lässt sich das Göttliche selbst nicht trennen, zum Beispiel von der Erde, oder absondern als das zum Himmel Gehörende.

Himmel und Erde sind eins. Das Göttliche manifestiert sich in Himmel und Erde, in jedem von uns Menschen. Wir können nicht aus der Einheit von Himmel und Erde herausgenommen werden und sollten uns selbst nicht herausnehmen, indem wir Geistliches und Weltliches voneinander trennen.

Gott ist überall anwesend, nicht nur in dem sogenannten Heiligen, den heiligen Stätten, den Kirchen und so weiter. »Die heilige Anwesenheit Gottes kann nicht auf religiöse Grenzen von Zeit und Raum beschränkt werden« (Newell 2000, S. 117). Das heilige Brot der Eucharistiefeier oder des Abendmahles ist heilig, aber nicht im ausschließenden Sinne. Es verweist vielmehr auf die Heiligkeit allen Brotes und Weines. Auf die Heiligkeit, die im normalen Leben, in jedem Augenblick des Lebens wohnt. Es geht dabei nicht darum, das Heilige zu banalisieren, sondern das Normale zu heiligen.

Diese Überlegungen treten für mich nicht in Konflikt zu meinem Glauben an Gott, der im Himmel, der Erde, seinen Geschöpfen zum Ausdruck kommt, aber viel mehr ist, der der ganz Andere bleibt, zu dem ich zugleich in eine personale Beziehung treten kann. Genau das ist ja das Faszinierende – teilhabend an Himmel und Erde, besser noch Teil seiend von Himmel und Erde, kann ich eintauchen in das Göttliche, ja, bin ich eingetaucht in das Göttliche. Das ist so unfassbar, das ist so unglaublich, aber auch so unglaublich beglückend, dass ich in großer Ergriffenheit und voller Faszination ob dieses Geheimnisses nur staunen kann und »staunend mich freu'n«, wie es zur Musik Franz Schuberts erklingt. Ich wache auf, endlich wache ich auf und sehe, was ich bisher nicht gesehen habe, erkenne, was ich bisher nicht erkannt habe: den Buddha, den Christus in mir. Buddha heißt »der, der aufgewacht ist«.

ANSELM GRÜN: Die frühen Kirchenväter haben Spiritualität oft als Aufwachen verstanden. Die Gnosis, auf die sie eine christliche Antwort geben wollten, hatte den Zustand des Menschen als Schlafzustand beschrieben. Der Mensch geht durch diese Welt wie ein Schlaftrunkener. Er nimmt die Wirklichkeit gar nicht so wahr, wie sie tatsächlich ist. Geistliches Leben heißt: aufwachen, achtsam leben, mit wachen Augen durch die Welt gehen.

So versteht auch der indische Jesuit Anthony de Mello Mystik. Mystik ist nichts Weltfremdes, sondern ein Aufwachen zur Wirklichkeit. Jesus selbst spricht ja oft in seinen Reden davon, dass wir wachsam sein sollen. Und der Apostel Paulus mahnte die Thessalonicher: »Darum wollen wir nicht schlafen wie die anderen, sondern wach und nüchtern sein. Denn wer schläft, schläft bei Nacht, und wer sich betrinkt, betrinkt sich bei Nacht. Wir aber, die dem Tag gehören, wollen nüchtern sein« (1 Thess 5,6–8).

WUNIBALD MÜLLER: Diese Auffassung vertritt auch Bruder David Steindl-Rast. Er meint, dass jeder ein Mystiker sein kann. Für mich hat ein Mystiker zu sein ganz viel damit zu tun, immer wieder innerlich aufzuwachen, tiefer zu sehen, sich wundern zu können angesichts des Wunders, dass wir leben. Dass wir uns für einige Momente immer wieder einschwingen in den kosmischen Tanz, das heißt in den Rhythmus, der bei allem anscheinend von außen vorgegebenen Rhythmus der eigentliche Rhythmus unseres Lebens ist. Der Rhythmus, der sich im Einklang mit der Schöpfung und seinem Schöpfer befindet.

All das kann für uns manchmal so weit weg sein, dass es sich anhört wie ein Märchen aus längst vergangenen Zeiten, das mit unserem Leben und unserer Wirklichkeit nichts oder kaum etwas zu tun hat. Dabei gilt das heute nicht weniger als vor Jahrtausenden. Es gilt für dich und für mich. Ist das aber nicht einfach wunderbar? Ja, ein Wunder? Ist es nicht höchste Zeit, sich dessen immer wieder bewusst zu werden, aufzuwachen, ein Buddha zu werden, der im Bewusstsein lebt: Gott hat Himmel und Erde geschaffen und ich bin ein Teil davon.

ANSELM GRÜN: Das Aufwachen hat bei Jesus und Paulus den Sinn, die Gegenwart Gottes in allem wahrzunehmen. Wir sollen mit wachen Augen die Zeichen der Zeit anschauen und darin Gottes Wirken erkennen. Wir sollen die Natur mit wachen Augen betrachten und in allem Gottes Geist schauen, der alles durchdringt. Wir sollen unseren Alltag achtsam leben, im Bewusstsein, dass wir immer in Gottes Gegenwart sind. Und es geht darum, auf die Regungen seiner Seele zu achten. Auch darin spricht Gott zu uns. Vom Cellerar verlangt der heilige Benedikt, er solle immer auf seine Seele achten. Er soll genau hinhören, mit welchen Gefühlen er in die Arbeit geht. Er hat die Aufgabe, die Trübungen seiner Seele immer wieder zu klären, damit von ihm Frieden und Klarheit ausgehen.

Religion und Glauben tragen zur Gesundheit und Heilung bei

WUNIBALD MÜLLER: Wie du bereits erwähnt hast, haben Religion und in besonderer Weise Spiritualität eine positive Auswirkung auf die Gesundheit des Menschen. Eine religiöse Einstellung und spirituelle Praxis müssen jedenfalls grundsätzlich keine negative Auswirkung auf unsere Gesundheit haben. Im Gegenteil: Religion und Spiritualität üben einen positiven Einfluss auf die persönliche Gesundheit und das persönliche Wohlbefinden eines Menschen aus. Körperliche und geistige Gesundheit haben profitiert von religiösen Entwicklungen, angefangen bei den therapeutischen Zentren in Tempeln, über monastische Gastfreundschaft für Kranke und Sterbende bis hin zu den Ordensfrauen in Hospitälern im Mittelalter. Auch in unserer heutigen Zeit stellen Untersuchungen eine starke positive Verbindung zwischen Religion und Gesundheit fest.

Damit soll nicht gesagt werden, dass jede religiöse Aktivität zum Wohle der Menschen gereicht oder positiv ist. Wohlbefinden ist vor allem positiv verbunden mit einer Religion, die internalisiert worden ist, die in sich motiviert ist und die auf einer sicheren Beziehung mit Gott basiert. Negativ verbunden ist es mit einer Religion, die aufgesetzt, jemandem sozusagen »übergestülpt« worden ist, mit einer Religion, die unhinterfragt übernommen und dürftig reflektiert worden ist.

Untersuchungen haben gezeigt, dass körperliche Gesundheit von religiösem Engagement profitiert, angefangen bei der Zugehörigkeit zu einer religiösen Gruppe bis hin zu einem aktiven Beteiligtsein. Oft geht diese körperliche Gesundheit einher mit guter mentaler, sozialer und spiritueller Gesundheit. Das schließt nicht aus, dass es Menschen gibt, deren religiöse Einstellung sich auch, wie aufgezeigt, negativ auf ihre geistige, psychische und physische Gesundheit ausgewirkt hat. Dabei ist aber zu bedenken, dass in diesen Fällen eine spirituelle Einstellung und Praxis vorliegen, denen es an einem ganzheitlichen Verständnis von Spiritualität mangelt. Bei einer ganzheitlichen Spiritualität wird die *ganze* Person – Körper, Geist, Seele, Wort, Beziehungen – in den Blick genommen, wie das auch auf eine biblische Spiritualität zutrifft, die sich auf den ganzen Menschen bezieht.

ANSELM GRÜN: Ganzheitliche Spiritualität bedeutet für mich auch eine nüchterne Spiritualität, eine Spiritualität, die den ganzen Menschen, ohne zu bewerten, in die Beziehung zu Gott hält. Zwei Weisen von Frömmigkeit stehen dem entgegen. Die eine ist eine euphorische Spiritualität. In ihr überspringe ich meine Wirklichkeit. Weil mir meine Wirklichkeit zu banal und zu durchschnittlich ist, flüchte ich mich in schöne, euphorische Gefühle. Aber sie verwandeln mich nicht, sie bringen mich nur weg von mir selbst. Die andere Form ist die gesetzliche Spiritualität, die sich krampfhaft an Normen klammert. Sie möchte gerne Gottes Willen erfüllen. Aber sie verwechselt Gottes Willen mit den vorgegebenen Normen. So sind die Menschen nicht mehr offen für das, was Gott in ihrer Seele zu ihnen spricht.

Die Spiritualität, die gesund macht, wertet nicht. Sie hält alles, was in uns ist, auch unsere Schattenseiten, in das Licht der Liebe Gottes. Dann erfahre ich entweder Heilung meiner Krankheit oder aber Frieden in meiner Krankheit. Ich bin auch als kranker Mensch in der Liebe Gottes und fühle mich ganz und gar von Gott angenommen.

Hilft Beten?

WUNIBALD MÜLLER: Hilft Beten? Wissenschaftliche Ergebnisse der letzten 20 Jahre weisen nach, dass sowohl öffentliches als auch privates Beten positive Auswirkungen hat auf unsere Stimmung, auf unseren emotionalen Zustand, auf unsere mentale Balance und unser Allgemeinbefinden. Sollten Menschen daher beten, um eine bessere mentale und körperliche Gesundheit zu erhalten? Manche lehnen das ab, weil sie sagen:»Ich kann mich doch nicht an Gott wenden aus eigensüchtigem Interesse, anstatt ihm einfach nur in Dankbarkeit und preisend zu begegnen.« Die biblische Vorlage sagt eindeutig, dass Beten auch eine Form sein kann, um Hilfe zu erbitten. Das schließt nicht aus, dass stille Vereinigung mit Gott in selbstloser Anbetung eine höhere Form von Gebet oder auch Kontemplation darstellen kann.

Es ist offensichtlich, dass religiöses Leben und Spiritualität sich im Laufe eines Lebens ändern – intensiv sind sie am Ende der Jugendzeit und frühen Kindheit, weniger stark ausgeprägt in den mittleren Jahren und dann wieder stärker ausgeprägt gegen Ende des Lebens. Je mehr die körperliche Gesundheit nachlässt, desto mehr kann – ideal gesehen und bei entsprechenden Umständen – die geistige und spirituelle Gesundheit aufblühen (vgl. Woods 2008).

Beten ist eine effektive Form, um mit schwierigen Situationen besser umgehen zu können. Formale Gebete oder die Teilnahme an einem Gottesdienst können weniger effektiv sein als spontane Gebete. Besonders hilfreich scheint zu sein, sich bewusst in eine annehmende und dankbare Geisteshaltung zu begeben, voller Vertrauen, von Gott Hilfe zu erhalten. Sich einfach in der Gegenwart Gottes aufzuhalten. Daraus können Trost und Stärke erwachsen.

ANSELM GRÜN: Jesus lädt uns ein, in all unseren Sorgen und Nöten Gott um Hilfe zu bitten. So dürfen wir auch um Heilung beten. Aber ich kenne Christen, die Gott oder Jesus wie einen Zauberer benutzen. Jesus soll ihnen möglichst schnell und schmerzlos ihre Angst, ihre Depression, ihre Antriebslosigkeit nehmen. Aber sie schauen ihre Angst nicht an. In der Bibel geschieht die Heilung immer in der Begegnung. In der Begegnung muss ich mich und meine Wahrheit einbringen. Nur so geschieht Begegnung.

Gebet heißt daher für mich zuerst, mit Gott oder mit Jesus über meine Angst oder meine Depression zu reden. Ich öffne Gott mein Herz. Ich schaue in der Gegenwart Gottes meine eigene Wahrheit. Dann aber ist es durchaus gut, wenn ich Gott auch meine Ohnmacht hinhalte, allein von meiner Angst oder Depression loszukommen. So bitte ich Gott, dass seine heilende Kraft in meine Angst oder Depression hineinströmt. Das hat oft eine heilende Wirkung.

WUNIBALD MÜLLER: Es gibt unterschiedliche Formen von Beten: mit Gott über Dinge zu sprechen, Gott um etwas zu bitten und dann gibt es noch rituelle Gebete. Ich denke, alle genannten Formen des Gebetes haben ihre Berechtigung. Ich habe Gespräche mit Gott in Zeiten von Depression, Angst und Verzweiflung als sehr hilfreich erlebt.

Meditative Gebete scheinen mehr zu unserem Wohlsein beizutragen als spezifische Bittgebete oder Unterhaltungsgebete. Die Ruhe und die Stärke, die aus ihnen erwächst, können zur Heilung beitragen und Menschen bei ihrer Auseinandersetzung mit Krankheit und Tod helfen. Darüber hinaus ist deutlich geworden, dass Meditation und Kontemplation positiven Einfluss haben auf ein längeres Leben und eine größere Aktivität im hohen Alter.

Dann gibt es das Beten als Anbetung, als Preisen Gottes aus einem Gefühl der Dankbarkeit und Liebe heraus. Meister Eckhart sagt:»Wenn ein Mensch nie mehr zu tun hatte mit Gott, außer, dass er dankbar ist, dann ist das genug.« Dankbarkeit ist eine der höchsten Formen von Gebet und einer der nobelsten menschlichen Akte, zu denen wir fähig sind. Dankbarkeit kann ganz viel dazu beitragen, uns wohlzufühlen.

Bei diesem Beten geht es nicht nur oder vielleicht auch nicht in erster Linie darum, Gott um eine Gunst zu bitten, so als ob Gott – wie es Meister Eckhart einmal in einem Bild veranschaulichte – eine Kuh wäre, an die wir uns wenden, um Milch zu bekommen. Sind wir»fertig« mit der Kuh, dann sagen wir»goodbye«. Und wenn wir fertig sind mit dieser Art von Gebet, dann sagen wir zu Gott»goodbye«.

Menschen, die die Verbundenheit mit Gott suchen, indem sie offen bleiben für den Willen Gottes oder des Göttlichen, ziehen einen größeren Profit aus dem Gebet als solche, die für ganz bestimmte Dinge, die es ihrer Meinung nach zu verändern gilt, beten. Untersuchungen zeigen, dass Menschen, die mit ihren eigenen Worten beten, ein größeres Wohlbefinden daraus ziehen als solche, die vorgeschriebene, sich als Ritual vollziehende Gebete sprechen.

Auch gibt es beim gemeinsamen Beten, wie das zum Beispiel in einem Gottesdienst der Fall ist, eine soziale Dimension, die sich positiv auf unsere Gesundheit auswirkt. So hat die Teilnahme an Gottesdiensten – sei es in einer Kirche, einer Synagoge oder in einer Moschee – mit dem Ziel, die Gesundheit zu fördern, positive Auswirkungen auf diese Menschen. Wenn jemand an einer Krankheit leidet und einen Gottesdienst besucht, in der Hoffnung, dadurch geheilt zu werden oder einfach Unterstützung und Trost zu finden – was kann dagegen sprechen? Die Kraft des Glaubens wird in dem Zwölf-Schritte-Programm der Anonymen Alkoholiker auf einzigartige Weise bezeugt.

GOTT UND DIE LIEBE

»Wer in der Liebe bleibt, bleibt in Gott und Gott bleibt in ihm«

WUNIBALD MÜLLER: Gott ist die Liebe. Das ist nichts Statisches. Liebe will gelebt, geliebt werden. Liebe treibt es um. Sie treibt uns um. Sie lässt sich nicht einsperren in der Tiefe unseres Herzens. Sie verlangt nach Einsatz. Sie zeigt sich in der Leidenschaft. Gott ist die Liebe. Was heißt das, worin zeigt sich das? Ist er die Liebe, die ich spüre, wenn sie sich mir in einer Melodie aus der Matthäus-Passion von Johann Sebastian Bach ankündigt? Ist er die Liebe, die ich in der Begegnung mit einem Menschen, der mir seine Liebe schenkt, konkret erfahren darf? Die Liebe, die ich als Nähe Gottes erfahren darf, wenn ich Gott in mich hineinlasse, ihn bei mir einkehren lasse, mich ihm in Liebe überlasse?

Als ich vor fast 30 Jahren Carl Rogers, den Begründer der Gesprächspsychotherapie, besuchte und ihn fragte, ob er an Gott glaube, sagte er, dass es für ihn keinen persönlichen Gott gebe, er sich aber vorstellen könne, dass, wenn es so etwas wie Gott gibt, Gott in jeder Person lebt, und Menschen, die sich lieben, Gott sichtbar machen. Das sind freilich alles nur klägliche Versuche, einige Facetten aufzuzeigen, was damit gemeint sein kann, dass Gott die Liebe ist.

ANSELM GRÜN: In meiner Jugend wurden wir von Exerzitienmeistern immer angehalten, wir sollten Gott lieben. Da wurde oft das Wort Jesu selbst zitiert: »Du sollst den Herrn, deinen Gott, lieben mit ganzem Herzen und ganzer Seele, mit all deinen Gedanken und all deiner Kraft« (Mk 12,30). Aber wenn ich konkret darüber nachgedacht habe, wie ich Gott lieben soll, dann war ich oft ratlos. Ich kann Gott nicht so lieben wie einen Menschen, in den ich mich verliebt habe, bei dem die Liebe einfach hin- und herströmt. So emotional ist die Liebe zu Gott nicht. Ich kann weder die Liebe Gottes so emotional erfahren wie die Liebe eines Freundes oder einer Freundin. Noch kann ich selbst Gott so lieben wie einen Menschen.

Daher ist mir in letzter Zeit das Wort aus dem ersten Johannesbrief so wichtig geworden: »Gott ist Liebe, und wer in der Liebe bleibt, bleibt in Gott und Gott bleibt in ihm« (1 Joh 4,16). In Gesprächen mit Menschen erlebe ich, wie sich jeder von uns danach sehnt, zu lieben und geliebt zu werden. Aber das Ziel ist nicht, dass ein Mensch uns diese Sehnsucht nach Liebe einfach für immer erfüllt. Denn in jeder noch so starken menschlichen Liebe wird in mir die Sehnsucht nach noch mehr Liebe geweckt. Das Ziel dieser Sehnsucht ist, einfach Liebe zu sein.

Eine Frau erzählte mir, dass sie in der Meditation auf einmal Liebe war. Sie war ganz und gar erfüllt von Liebe. Diese Liebe ist zu allem geströmt: in ihr Zimmer, in ihre Umgebung, zu den Menschen, zu den Tieren. Das war für sie eine tiefe Erfahrung. Sie hat letztlich erfahren, was Johannes schreibt. Sie war Liebe. In ihr war die Quelle der Liebe. Sie hat in dieser Liebe Gott selbst erfahren. Wenn ich diese Erfahrung mache, dann fällt es mir nicht schwer, Gott oder die Menschen zu lieben. Es strömt dann einfach eine Liebe in mir. Wenn ich mich in diese Liebe hineinspüre, kann ich auch sagen:»Ich liebe Gott.« Meine Liebe strömt dann zu Gott, dem Grund meiner Liebe.

Wir sprechen oft von der Liebe Gottes, aber wir spiegeln sie nicht wider

WUNIBALD MÜLLER: Ganz Liebe werden! Genau das ist es, worum es geht, wenn es wirklich um Gott und den Menschen geht. Wir laufen in die Irre, suchen Gott »weiß Gott wo«, wo wir ihm doch nur allein in der Liebe begegnen. Wir begegnen ihm nicht in der Wahrheit, die – losgelöst von der Liebe – Absolutheitsansprüche erhebt, nicht in der wunderbarsten und ergreifendsten numinosen oder auch mystischen Erfahrung, die meint, ohne Liebe auskommen zu können. Nicht dort, wo man zwar inflationär mit Begriffen wie Gott und Liebe um sich wirft, die Liebe aber nicht spürbar ist und letztlich außen vor bleibt.

Ich kann laut über Gott und seine Liebe sprechen und andere überschütten mit Worten von Gott und seiner Liebe. Doch das alles klingt hohl und leer, wenn ich nicht umfangen bin von Gottes Liebe und selbst liebe. Bin ich dagegen umfangen von Gottes Liebe und lasse sie tief in meinem Herzen zu, spüre sie dort, dann spreche ich von Gott und seiner Nähe als einer, der von der Erfahrung von Gottes Nähe *berührt* worden ist.

ANSELM GRÜN: Ja, es ist ein großer Unterschied, wie wir von Gott und von Gottes Liebe sprechen. Ich kann mich an eine Diskussion im Recollectio-Haus erinnern. Da diskutierten Priester darüber, was heute die wichtigste christliche Botschaft für die Menschen sei. Ein Priester hämmerte auf die anderen ein:»Wir müssten den Nächsten lieben.« Das sei die zentrale Botschaft Jesu. Ein anderer Priester erwiderte ihm:»Du hast schon recht. Nur, wenn ich in dein Gesicht schaue, sehe ich nichts von dieser Liebe. Da ist alles nur hart und rechthaberisch.« Wir sprechen oft von der Liebe Gottes, spiegeln sie aber nicht wider.

Pater Meinrad, der ja mit uns im Recollectio-Haus arbeitet, fragt sich bei dem, was ihm die Menschen von ihrem geistlichen Leben erzählen, ob darin das »Jesusgschmäckle« zu spüren sei. Unsere Rede von Gott ist oft rechthaberisch, manchmal vage, manchmal schwärmerisch. Wir sprechen richtig von Gott, wenn der Jesus-Geschmack aus unseren Worten herauszuspüren ist. Jesus-Geschmack bedeutet den Geschmack von Freiheit, von Barmherzigkeit, von Milde, aber auch von Klarheit und Kraft und Eindeutigkeit.

Gottesliebe unter Umgehung von Menschenliebe – das geht nicht

WUNIBALD MÜLLER: Gottesliebe unter Umgehung von Menschenliebe – das geht nicht. Das bleibt die große Herausforderung für alle, die meinen, an ihren Mitmenschen vorbei in die direkte Beziehung zu Gott gelangen zu können. Sehr eindrücklich formuliert das Papst Benedikt XVI. in seiner Enzyklika *Deus caritas est*, wenn er sagt: »Wenn ich die Zuwendung zum Nächsten aus meinem Leben ganz weglasse und nur ›fromm‹ sein möchte ..., dann verdorrt auch die Gottesbeziehung. Dann ist sie nur noch ›korrekt‹, aber ohne Liebe. Nur meine Bereitschaft, auf den Nächsten zuzugehen, ihm Liebe zu erweisen, macht mich auch fühlsam Gott gegenüber.«

Mit großer Leidenschaft sagt Pierre Teilhard de Chardin (in: Schiwy 2005, S. 179): »Wer vom göttlichen Bereich leidenschaftlich gepackt ist, kann um sich keine Dunkelheit, keine Lauheit und keine Leere in dem ertragen, was von Gott erfüllt sein und von Gott schwingen sollte. Wenn er an die unzähligen Seelen denkt, die in der Einheit derselben Welt mit ihm verbunden sind und um die herum das Feuer der göttlichen Gegenwart noch ungenügend brennt, so fühlt er sich gleichsam erstarrt. Eine Zeit lang konnte er glauben, es genüge, nur seinen Arm auszustrecken, um Gott so zu berühren, wie er es wünschte. Jetzt aber merkt er, dass die einzige menschliche Umarmung, die das Göttliche würdig zu umfassen fähig ist, die Umarmung aller menschlichen Arme ist, die alle miteinander ausgebreitet sind, um das Feuer herabzurufen und zu empfangen. Das einzige Subjekt, das

246

der mystischen Verklärung endgültig fähig ist, ist die ganze Gemeinschaft der Menschen, die in der Liebe nur noch einen einzigen Leib und eine einzige Seele bildet.«

ANSELM GRÜN: Jeder von uns erfährt auf dem Weg der Liebe Erfüllung und Enttäuschung, Verzauberung und Verletzung. Viele jammern dann, wenn sie sich in einen Menschen verliebt haben und ihre Liebe nicht erwidert wird. Oder sie erleben in der Ehe, dass die Liebe nicht mehr so stark fließt wie zu Beginn des Verliebtseins. Doch das Jammern hilft nicht weiter. Es führt nur dazu, den anderen anzuklagen, dass er mich zu wenig liebt. Mir hilft die Vorstellung: Sowohl die Erfüllung als auch die Enttäuschung, die Verzauberung und die Verletzung möchten meine Sehnsucht nach der Liebe anstacheln, die in mir ist, die nie versiegt, weil sie göttlich ist. Dann überfordere ich die Menschen nicht mit meinen Erwartungen nach Liebe.

Die Liebe zu Gott ist dann auch keine Flucht vor der Liebe der Menschen. Ich überhöhe nicht meine Beziehungslosigkeit, indem ich von der Liebe Gottes spreche und meine, ich könnte auf die Liebe der Menschen verzichten. Vielmehr ermöglicht mir die Liebe Gottes, die Liebe, die ich zu Menschen spüre und die Menschen mir schenken, zu genießen. Sie verweist mich immer wieder auf die Liebe, die im Grund meiner Seele in mir strömt und die letztlich Gott selbst ist, der Liebe ist.

WUNIBALD MÜLLER: Die Fähigkeit, in eine direkte Beziehung zu einem anderen Menschen treten zu können, bis dahin, einen anderen wahrhaft lieben zu können, wird uns ja nicht in den Schoß gelegt. Wir können sie erwerben, wenn wir uns den Entwicklungsschritten stellen, bei denen wir zunehmend fähig werden, uns in andere Menschen einzufühlen, ihnen nahe zu sein und wahrhaft lieben zu können. Manche versuchen diesen Weg, der sie fähig macht, wirklich zu lieben, zu umgehen, und das im Namen der Spiritualität. Das kann eine Form spiritueller Abkürzung sein. Bei ihnen besteht die Gefahr, dass sie, anstatt den schwierigeren Weg zu gehen, der zur Auseinandersetzung mit ihren Mitmenschen einlädt und der es erfordert, sich zu öffnen und sich somit verwundbar zu machen, den leichteren Weg wählen, indem sie sich, unter Umgehung tiefer Beziehungen zu ihren Mitmenschen, in die Beziehung zu Gott flüchten.

Manche Vorbehalte von Psychotherapeuten oder auch aus der Psychiatrie gegenüber Spiritualität lassen sich darauf zurückführen, dass Spiritualität und Glauben als billige Weisen verstanden werden, sich den konkreten Schwierigkeiten und Herausforderungen der Wirklichkeit unseres Lebens und unseres Alltags zu entziehen. Sosehr das einer gesunden und dynamischen Spiritualität widerspricht, so ist dennoch nicht zu übersehen, dass eine solche Spiritualität, die dafür herhalten muss, um sich vor der Auseinandersetzung mit der Wirklichkeit zu drücken, nach wie vor weit verbreitet ist. Du konfrontierst ja eine solche Spiritualität mit einer sogenannten Spiritualität von unten.

ANSELM GRÜN: Ja, Pater Meinrad und ich haben eine Kleinschrift mit dem provozierenden Titel geschrieben: »Spiritualität von unten«. Damit greifen wir auf, was der heilige Benedikt in seiner Regel mit dem Stufenweg der Demut meint. Wir verstehen darunter, dass Gott nicht nur durch die Worte der Bibel, durch die Predigt oder Heiligenbücher zu uns spricht, sondern sich ganz konkret in unseren Gefühlen und Leidenschaften, in unseren Träumen, in unserem Leib zu Wort meldet. Gott spricht zu uns in unserer Arbeit und in unseren Beziehungen. Wenn wir Gottes Stimme in unserer konkreten Wirklichkeit unseres Leibes, unserer Seele und unserer Beziehungen hören, dann sind wir nicht in Gefahr, Spiritualität als Flucht vor dem Leben zu benutzen. Dann weichen wir dem Leben nicht aus. Vielmehr will uns Gott in das wahre Leben führen, in das Leben, das unserem Wesen und unserer innersten Wahrheit entspricht.

Wir haben dieses Buch natürlich auch für uns selbst geschrieben. Denn ich kenne aus meiner Jugend die »Spiritualität von oben«. Ich habe mich mit Idealen von Heiligen identifiziert. Das war nicht schlecht. Denn das hat mich auf den Weg gebracht, an mir zu arbeiten. Aber irgendwann habe ich die Gefahr bei mir gesehen, dass meine Ideale zu sehr von meiner konkreten Wirklichkeit abweichen, dass ich die Regungen meiner Seele, meines Unbewussten, nicht mehr hören wollte, weil sie diesen Idealen widersprachen. So war ich in Gefahr, zweigleisig zu leben. Das hätte mich in eine innere Spaltung geführt.

Liebe und Freundschaft spielen die wichtigste Rolle im Leben

WUNIBALD MÜLLER: Ich spreche hier von »dynamischer Spiritualität« (vgl. Müller 2007). Verständnisvoll, freundlich, gütig zu sein, ist zweifellos ein hohes Gut. Menschen, die einer spirituellen Abkürzung zum Opfer fallen, konzentrieren sich aber oft so sehr auf die Erfüllung ihrer Ideale, die sie mitunter als eine absolute göttliche Wahrheit verstehen, dass sie die relative menschliche Wahrheit dabei übersehen. Sie überspielen dann die eigene Befindlichkeit, ihre wahren Gefühle. Wir kommen aber unserer persönlichen Wahrheit näher, wenn wir das, was wir wirklich spüren, zulassen und herauszufinden versuchen, was es bedeutet. Dies führt zu einer tieferen Wahrheit, die uns näher an das heranbringen kann, was *unsere* Wahrheit ist.

Eine dynamische Spiritualität will weiter dazu beitragen, dass Menschen zueinanderfinden und in ihren Beziehungen und Begegnungen die Erfahrung machen dürfen, geliebt zu werden. Die Bedeutung und der Wert einer Spiritualität werden daran gemessen, ob sie dazu beiträgt, Menschen zur Liebe zu befähigen. Eine Spiritualität, die nicht Ausdruck von wirklicher, geerdeter menschlicher Liebe und darin zugleich auch Gottesliebe ist, bleibt schal und unnütz. Sie vermag nicht zu nähren und zu tragen.

Eine dynamische Spiritualität lädt uns dazu ein, uns nach links und nach rechts zu unseren Mitmenschen auszustrecken. Sie ist Ausfluss unseres Herzens und trägt dazu bei, uns für unseren Nächsten, für andere Menschen zu öffnen, sodass unser Herz für sie schlägt. Sie zeigt sich in der Fähigkeit, andere zu lieben, mit anderen mitfühlen zu können und aus diesem Mitgefühl heraus für andere da zu sein.

Wem die Nahrung, die aus guten zwischenmenschlichen Beziehungen hervorgeht, vorenthalten wird, der wird hungrig bleiben. Er und sie werden versuchen, ihren Hunger anderswo zu stillen. Sie werden versuchen, die Nahrung, nach der sie verlangen, durch Erfolg, Arbeit und vieles andere mehr zu erreichen. Mancher mag versuchen, durch spirituelle Höhenflüge seine Sehnsucht nach Liebe und bedingungsloser Annahme zu nähren. Er wird aber immer wieder auf den harten Boden der Wirklichkeit fallen, wenn er nicht wirklich durch die Erfahrung von Liebe genährt worden ist.

Wer niemals Liebe erlebt hat, wer nie mit echten, wahren, menschlichen, lebendigen und lebendig machenden Gefühlen einen realen, konkreten, einzigartigen Menschen geliebt hat und von ihm geliebt worden ist, kann zwar endlos über die Schönheit und Freude göttlicher Liebe reden, wird jedoch auf jemanden, der die Agonie und die Ekstase der Liebe in der Realität erfahren hat, nicht sehr überzeugend wirken. Der Philosoph Paul Feyerabend kam erst wenige Tage vor seinem Tod zu der Erkenntnis: »Heute scheint es mir, dass Liebe und Freundschaft die wichtigste Rolle im Leben spielen und dass ohne sie selbst die höchsten Errungenschaften blass, leer und gefährlich bleiben.«

ANSELM GRÜN: Als eheloser Mönch habe ich lange gedacht, die Liebe zu Gott und die allgemeine Nächstenliebe, zu der uns die Bibel und die geistliche Tradition anhalten, würden für meine Spiritualität genügen. Dann hat mich die konkrete Erfahrung einer Liebe zu einer Frau eines anderen belehrt. Diese Erfahrung hat zunächst mein spirituelles Lebensgebäude erschüttert. Doch dann hat mich diese Erfahrung gelehrt, anders von Gottes Liebe zu sprechen. Sie hat mich herausgefordert, mir klar zu werden, wie ich authentisch als eheloser Mönch leben kann, der sich ganz der Liebe Gottes verschrieben hat.

Die Erfahrung menschlicher Liebe hat mir gezeigt, wo mein Reden von Gottes Liebe Ideologie war. Und sie hat mich gelehrt, nun auf andere Weise von Gottes Liebe zu sprechen. Wenn ich jetzt vor der Christus-Ikone sitze und mit dem Jesus-Gebet meditiere, dann spüre ich die Liebe Christi, die in den Worten des Jesus-Gebetes zum Ausdruck kommt, und meine eigene Liebe zu ihm in einer neuen Qualität. Da bekommt die Liebe eine emotionale Färbung. Sie ist nicht mehr nur abstrakt. Dabei hilft mir die Gebärde, meine Hände in die Brustmitte zu legen und die Wärme zu spüren, die in meinem Herzen ist. In dieser Wärme erfahre ich die Liebe Christi, aber auch die Liebe zu konkreten Menschen. Die Liebe Christi wird durch die Erfahrung menschlicher Liebe für mich auch emotional spürbar.

WUNIBALD MÜLLER: Was du von deinen Erfahrungen über die Liebe zu einer Frau und die Auswirkungen auf deine Beziehung zu Gott sagst, erinnert mich an eine Erkenntnis von Pierre Teilhard de Chardin (1994, S. 255). Nachdem er herausgestellt hat, dass Gott keine Person *gleicher Ordnung* ist, sondern eine »Überperson«, ein »Überzentrum« – »das heißt jemand, der tiefer ist als wir selbst« –, schreibt er: »Wenn ein Mann eine Frau zur Mitte seines

Herzens macht, so folgt nicht *notwendig* daraus, dass dieser Mann sich gegenüber dem ›Göttlichen‹ affektiv neutralisiert vorfindet. Die göttliche Sonne kann (*weil* viel tiefer) noch durch das weibliche Gestirn *hindurch* wahrgenommen werden. Sie kann – und dies sogar mit erhöhtem Glanz – auf der gleichen Ebene und darüber hinaus leuchten.« Wie schwierig das sein kann und zu welcher Herausforderung das für die Frau werden kann, kommt in dem bewegenden Briefwechsel zwischen Pierre Teilhard de Chardin und seiner Freundin Lucile Swan (vgl. Schiwy 2005) zum Ausdruck.

Solange jemand keine Liebe erfahren hat, er über keinen Nährboden verfügt, der empfänglich ist für die Nahrung von Gottes bedingungsloser Liebe, läuft er Gefahr, sich lediglich mit Spiritualität »vollzustopfen«, ohne dabei wirklich genährt zu werden. Er wird in seinem Leben die Erfahrung von echter Zufriedenheit oder Freude, ja Erfüllung, vermissen. Seine Spiritualität erreicht nicht sein Herz, seine Tiefe. Bei so manchen Hymnen auf die göttliche Liebe meine ich vor allem den Schrei nach der Erfahrung von Gottes Liebe und von menschlicher Liebe zu vernehmen, gerade weil diese Liebe nicht im eigenen Herzen und im konkreten Leben erfahren wird.

Auf der anderen Seite gibt es da die Menschen, die im spirituellen Bereich eher die leisen Töne bevorzugen und nur wenig – und wenn, dann sehr leise und bedächtig – von Gottes Liebe sprechen, weil sie Gott ganz tief in sich hineinwirken lassen und hineinnehmen können. Sie verfügen über einen Nährboden, der für die Liebe Gottes und die Liebe ihrer Mitmenschen empfänglich ist. Sie machen die Erfahrung, lieben zu können und geliebt zu werden. Ihre Spiritualität befähigt sie, sich den Prozessen zu stellen, die erforderlich sind, um in eine innige Beziehung zu einem anderen Menschen treten zu können.

Von der ersten Liebe Gottes

ANSELM GRÜN: Für mich gibt es eine Wechselwirkung zwischen göttlicher und menschlicher Liebe. Die Erfahrung menschlicher Liebe erfüllt meine Gottesliebe. Umgekehrt spüre ich auch: Jede menschliche Liebe erfahre ich auch in ihrer Brüchigkeit. Da gibt es Missverständnisse, Verletzungen, Enttäuschungen. Statt darüber zu jammern, lasse ich mich davon in den Grund meiner Seele führen. Dort erlebe ich die Quelle der göttlichen Liebe. Diese Liebe ist zwar nicht so emotional wie die menschliche Liebe. Aber ich ahne, dass sie keine Brüchigkeit aufweist, dass auf sie Verlass ist, dass sie nie versiegt. Die Gewissheit, dass diese Quelle der göttlichen Liebe nie versiegt, ermutigt mich, mich trotz aller Enttäuschungen immer wieder auf die menschliche Liebe einzulassen. Und die menschliche Liebe erfüllt die göttliche Liebe immer wieder mit Emotion und Leidenschaft.

WUNIBALD MÜLLER: Mir gefällt in diesem Zusammenhang auch, was unser beider Freund Henri Nouwen (in: Müller/Grün/Nouwen u.a. 2001, S. 249) in seiner Homilie anlässlich der Eröffnungsfeier des Recollectio-Hauses gesagt hat:

»Ich erfahre Heilung meiner Wunden, wenn ich auf die Stimme in meinem Herzen höre, die mir sagt: Du bist mein geliebter Sohn, du bist meine geliebte Tochter. Du bist ganz und gar von Gott geliebt. Das soll ich nicht nur im Kopf, sondern mit dem ganzen Wesen glauben. Es ist die Grundtatsache meines Lebens. Wenn ich an diese erste Liebe Gottes glaube, dann kann ich mich auch mit der zweiten Liebe Gottes aussöhnen, mit der mich die Eltern lieben, die Erzieher, die Kirche. Auch die Kirche liebt mich, aber ich bin nicht zufrieden mit dieser Liebe, sie könnte besser sein. Aber wenn ich um die erste Liebe weiß und mich immer wieder daran erinnere, dass ich der geliebte Sohn, die geliebte Tochter bin, dann kann ich auch mit der zweiten Liebe leben.«

Wenn ich aber in meinem Innersten Liebe erfahren habe, mein Innerstes durch die Liebe eines anderen berührt worden ist, bin ich auch sensibel für den Bruder und die Schwester, die Mitmenschen. Dann schlägt mein Herz nicht nur für mich, dann schlägt es auch für sie. Dann kann ich nicht anders, als Trauer zu empfinden angesichts der Not und des Schmerzes meiner Mitmenschen. Mein Innerstes kann dann nicht anders, als sich zu melden, in Bewegung zu geraten. Es bewegt mich etwas, sagt man oft. Doch das ist zu schwach formuliert, um auszudrücken, was in mir geschieht, wenn ich mit großem menschlichen Leid konfrontiert werde. Mein Innerstes bewegt sich. Hier hilft das Bild von den »Eingeweiden« als Bild für das Herz des Menschen. »Meine Eingeweide ziehen sich zusammen« als unmittelbare, selbstverständliche menschliche Reaktion auf eine spürbare Not meines Mitmenschen. Ich zucke zusammen, bleibe nicht ungerührt. Meine Tränen werden in meiner Tiefe entbunden, entstammen dem Grundwasser meiner Seele.

ANSELM GRÜN: Wenn ich die Erfahrung menschlicher Liebe zulasse und mein Herz davon aufbrechen lasse, und wenn ich zugleich durch die menschliche Liebe hindurch immer wieder in Berührung komme mit der göttlichen Quelle der Liebe auf dem Grund meiner Seele, dann muss ich mich nicht zur Nächstenliebe zwingen. Dann ist die Nächstenliebe nicht nur ein moralisches Gebot, das ich mit großer Kraftanstrengung zu erfüllen suche. Vielmehr ist dann mein Herz auch offen für die Menschen, denen ich in der Arbeit begegne, und für die Menschen, von deren Leid ich höre.

Die Liebe ist dann nicht nur eine Pflicht. Sie ist eine Qualität, mit der ich den Menschen begegne. Und ich spüre, dass ich dann nicht Taten der Nächstenliebe vorweisen kann – wie ich das in meiner jugendlichen Frömmigkeit immer tun wollte –, sondern dass die Liebe einfach da ist. Sie ist still. Mit ihr lässt sich nicht angeben. Aber ich begegne den Menschen mit Liebe. Ich kreise dann nicht narzisstisch um mich und meine großen Taten der Nächstenliebe. Ich lasse der Liebe einfach Raum in allem, was ich tue, und in jeder menschlichen Begegnung.

Gott ist die Liebe – Konkretionen und Konsequenzen

WUNIBALD MÜLLER: Die Hinwendung zum Du, zum anderen Menschen, die Offenheit dazu, mithilfe meines Innersten das Innerste des anderen Menschen zu erspüren und mich von meinem Innersten zum Innersten der anderen Person führen zu lassen, gehören für mich fundamental zu jedem spirituellen und mystischen Weg. Würde mich der Weg allein zu meiner Mitte führen, würde sich dieser Weg auf die Konzentration auf mich beschränken, würde er mich unsensibel für die Not meines Nächsten machen, wäre er für mich nur halb gegangen und letztlich unakzeptabel.

Ich kenne spirituelle Menschen, die im Namen Gottes sprechen und tätig sind, die lieben, wirklich lieben und geliebt werden. Sie leben in verbindlichen Beziehungen, erfahren darin Liebe. Ich kenne auch andere, anscheinend spirituelle Personen, die tagtäglich in »Sachen« Gottes unterwegs sind, die Liebe ständig im Munde führen und dabei ein Leben führen, das gekennzeichnet ist von unverbindlichen Beziehungen. Sie leben den puren Narzissmus, der sich in Unverbindlichkeit und einer Eigenliebe manifestiert, die am eigenen Ich hängen bleibt und nicht den Sprung zum andern wagt. Sie suchen und finden die Bewunderung anderer, weil ihre Worte gar so schön klingen. Doch es bleiben nur Worte. Ihre Spiritualität bleibt gestutzt. Sie vermag nicht, in den eigenen Herzbereich einzudringen, vernebelt die eigene Unerlöstheit und leistet keinen Beitrag zur Liebesfähigkeit.

Ich habe daher auch Probleme mit Meistern, die sehr viele Stunden am Tage – und das ein ganzes Leben lang – nur sitzen oder in der Welt herumfahren, Vorträge halten, sich zwischendurch auf ihrer Datscha meditierend entspannen, unberührt von der materiellen und seelischen Not unzähliger Menschen, die sich glücklich wissen würden, wenigstens einen Tag lang ein solch privilegiertes Leben wie die Meister führen zu können. Nein, ein entscheidendes Kriterium für einen »gelungenen« mystischen Weg besteht darin, ob dieser Weg in mir die Fähigkeit zu bedingungsloser Liebe fordert, ja dazu beiträgt, dass diese Liebe selbstverständlich in mir entbunden wird zum Segen meiner Mitmenschen.

Menschen, die sich anscheinend nur in der Präsenz der Ewigkeit, der Welt des Unendlichen innerlich aufhalten, laufen Gefahr, unpersönlich zu werden, die Einzigartigkeit und die Bedeutung der einzelnen Person und der einmaligen Ich-Du-Beziehung zu übersehen und zu übergehen. Sie wirken dann auch unpersonal, der konkreten personalen Beziehungsebene enthoben. Ihnen geht mitunter das Gefühl tiefer Zuneigung, echter Sorge, wahren Mitleids für den konkreten Mitmenschen ab. Sie ertränken diese Gefühle im Meer des Unendlichen.

Die Ich-Du-Beziehung ist das Zentrum einer verbindlichen, innigen, von Liebe umfangenen Beziehung. Die Ich-Du-Beziehung garantiert eine hohe Qualität von Präsenz. Sie nimmt die Einzigartigkeit der jeweiligen Person ernst. Sie garantiert Konkretheit und Direktheit. Aus der Ich-Du-Beziehung erwachsen Liebe, Zuneigung, Sorge, Fürsorge und Mitleid. So entsteht in der Ich-Du-Beziehung eine große Dichte, bei der Menschen sich innerlich sehr nahe sind, bei der das Wesentliche zählt und waltet. Das kann auch der Augenblick sein, in dem die unendliche Präsenz in die endliche einbricht, die endliche Präsenz transzendiert wird. Dadurch wird die personale Beziehung nicht aufgehoben oder irrelevant. Vielmehr wird sie vertieft, erweitert, erhöht. Wenn das immer wieder in unseren Beziehungen zu Menschen und schließlich auch in unserer Beziehung zu Gott möglich wird, kommt darin eine dynamische Spiritualität zum Ausdruck.

ANSELM GRÜN: Jesus hat die Liebe zu Gott, zum Nächsten und zu sich selbst als die Zusammenfassung aller Gebote verstanden. Liebe gibt es aber nicht ohne Ich-Du-Beziehung. Insofern wird hier das Wesen des Christlichen offenbar. Bei allem Reden vom apersonalen Gott, von der kosmischen Energie der Liebe müssen wir uns immer wieder bewusst werden, dass die Liebe nur in der Beziehung gelebt werden kann. Das Aufgehen in der kosmischen Liebe kann leicht zu einem Ausweichen konkreter Liebe werden. Weil wir uns nicht auf die Beziehung zu anderen Menschen einlassen, flüchten wir in die kosmische Liebe.

Von daher ist für mich das Festhalten an der Personalität Gottes die Bedingung dafür, dass die Liebe zur zentralen Botschaft unseres christlichen Glaubens wird. Die Liebe braucht die Beziehung zum Freund und zur Freundin, die Beziehung zum Ehepartner, die Beziehung zu den Menschen, mit denen ich arbeite, die Beziehung zu den Armen und Entrechteten, und als Grund all dieser Beziehungen die Beziehung zu Gott, der ein Du ist, das mich anspricht und mich liebt. Gott hat uns zuerst geliebt, sagt Jesus. Gott liebt uns in der Schöpfung. Wir erfahren seine Liebe in seinen Worten, in denen er uns zärtlich anspricht. Und wir erfahren seine Liebe konkret in der Liebe Jesu, die darin gipfelt, dass er sein Leben hingibt für seine Freunde.

WUNIBALD MÜLLER: Die Art unserer Beziehungen ist der Elchtest, ob unsere Spiritualität etwas taugt, ob es sich um eine dynamische Spiritualität handelt oder nicht. Das bleibt die große Herausforderung für alle, die meinen, an ihren Mitmenschen vorbei in die direkte Beziehung zu Gott gelangen zu können. Sie glauben, sich in der Welt der Ewigkeit ein Nest einrichten zu können, in das sie sich zurückziehen, um sich nicht den schwierigen und schmerzvollen Erfahrungen des Alltags aussetzen zu müssen. Sie tragen ihre Spiritualität gleichsam vor sich her. Ihre spirituelle Praxis hat aber keinen positiven Einfluss auf ihre Fähigkeit, auf andere Menschen zugehen zu können, wirklich in eine innige Beziehung zu ihnen treten zu können, ja, sie zu lieben.

So geht es bei dem Thema »Gott ist die Liebe« zunächst auch um unsere eigene Liebesfähigkeit und die harte, aber auch klare Aussage, dass Gottesliebe ohne Bruder- und Schwesterliebe ein Ding der Unmöglichkeit ist. Diese Liebe muss sich dann auch in unserem konkreten Verhalten zum Ausdruck bringen, etwa in unserem Einsatz für die Armen und die Entrechteten oder in unserem Engagement gegen Gewalt und Krieg.

Wenn ich den Aufmarsch des Militärs in Kriegsgebieten sehe, fallen mir Jesajas Worte ein: »Denn jeder Stiefel, der mit Gedröhn dahergeht, und jeder Mantel, durchs Blut geschleift, wird verbrannt und vom Feuer verzehrt« (Jes 9,4).

Und direkt im Anschluss daran heißt es: »Denn uns ist ein Kind geboren, ein Sohn ist uns gegeben, und die Herrschaft ruht auf seiner Schulter; und er heißt Wunder-Rat, Gott-Held, Ewig-Vater, Friede-Fürst; auf dass seine Herrschaft groß werde und des Friedens kein Ende ...« (Jes 9,5–6). Wie ein Hohn müssen solche Worte aus dem Mund von Christen klingen, die mit anscheinend gutem Gewissen in den Krieg ziehen. Ihre Stiefel treten alles platt, die Verheißung des Jesaja ebenso wie das Leben unschuldiger Männer, Frauen und Kinder. Bleibt uns angesichts dieser Reaktion wirklich viel mehr als Ohnmacht und Wut? Oder sollen wir einfach darüber hinwegsehen, resignieren? Oder wir glauben einfach weiter an das, was bei Jesaja steht: »Da werden sie ihre Schwerter zu Pflugscharen und ihre Spieße zu Winzermessern machen. Denn es wird kein Volk gegen das andere das Schwert erheben, und sie werden fortan nicht mehr lernen, Krieg zu führen« (Jes 2,4).

Vom Kopf her sage ich mir: Das zu glauben, ist naiv. Vom Bauch her wehre ich mich gegen solche illusionären Vorstellungen und Wünsche. Ich denke dabei an das Mahnmal »Broken Chair« vor dem UNO-Hauptgebäude in Genf, das einen kaputten Stuhl zeigt und an die Opfer von Landminen erinnert. Es stellt genau diese Bibelstelle symbolisch dar. Vom Glauben her kann ich gar nicht anders, als entgegen aller Bauchgefühle daran zu glauben, dass mein Glaube stärker und lauter ist als alles Kriegsgerede und Kriegsgedröhn.

ANSELM GRÜN: Ja, die Liebe Gottes verlangt nach einer Antwort. Ich möchte nochmals zurückkommen auf das personale Gottesbild. Gott als Person fordert mich heraus. Er stellt mich in die Verantwortung. Er ruft mich an. Er verlangt etwas von mir. Von diesem Anruf Gottes spricht die Bibel des Alten und Neuen Bundes ständig. Der Gott, der mich anspricht, ist oft unbequem. Denn er fordert etwas von mir, wozu ich oft gar nicht bereit bin. Er verlangt von mir, über mein Maß hinauszugehen, auszuziehen aus dem Vertrauten, in dem ich mich eingerichtet habe. Der apersonale Gott hingegen verlangt nichts von mir. Das ist bequemer. Ihn kann ich für mich benutzen, für mein Gefühl, etwas Besonderes zu sein. Der apersonale Gott dient dann meiner Selbstüberhöhung. Ich vereinnahme Gott, damit ich spirituell weiter bin als die anderen.

Natürlich haben die Christen, die an einen persönlichen Gott glauben, sich immer wieder dem Anruf Gottes verweigert und auch versucht, Gott zur Rechtfertigung des eigenen Verhaltens zu missbrauchen. So nahm zum Beispiel der ehemalige US-amerikanische Präsident George W. Bush Gott in Anspruch, um seinen Krieg gegen die »Achse des Bösen« zu rechtfertigen. Aber ich gebe Johann Baptist Metz recht, der immer wieder vor einer Religion ohne Gott warnt. Er spricht von »einer religionsfreundlichen Gottlosigkeit«, von einer Religion »als Glücksgewinnung durch Leid- und Trauervermeidung und als Beruhigung vagabundierender Ängste, Religion als mythische Seelenverzauberung, als psychologisch-ästhetische Unschuldsvermutung für den Menschen, die alle eschatologische Unruhe im Traum von der Wiederkehr des Gleichen oder auch, religionsnäher noch, in neu aufkeimenden Seelenwanderungs- und Reinkarnationsfantasien stillgelegt hat« (Metz 1991, S. 24).

Wir sind heute in Gefahr, Gott für uns zu vereinnahmen, für unser Glücksgefühl, für unsere Seelenruhe, für unsere innere Freiheit vom Angefochtensein von der Welt, anstatt uns von Gott herausfordern zu lassen, uns dieser Welt zu stellen. Metz spricht von der Mystik Jesu als der Mystik der geöffneten Augen im Gegensatz zur Mystik der geschlossenen Augen, die manche Anhänger Buddhas propagieren. In der Mystik Jesu geht es darum, diese Welt im Licht Gottes anzuschauen, die gegenüber aller Leidverdrängung und Leidvermeidung »vor allem unsichtbares, ungelegenes Leid sichtbar macht und – gelegen oder ungelegen – darauf aufmerksam macht und dafür einsteht, um des menschenfreundlichen Gottes willen« (Metz 1991, S. 37).

Epilog

Im vorliegenden Gespräch ist vor allem von Gott aus einem christlichen Horizont betrachtet die Rede. Doch Gott selbst sprengt natürlich einen solchen Horizont, was in den anderen großen Religionen deutlich wird. So soll den Abschluss unseres Dialoges ein Text von Hermann Hesse bilden, der sich sehr viel mit dem christlichen Gott und auch den Gottesvorstellungen anderer Religionen befasst hat. Für ihn war das aber nie nur eine intellektuelle Auseinandersetzung, sondern immer auch Ausdruck seines Ringens mit der Frage: »Wer bist Du, Gott?«

Es gibt natürlich bloß einen Gott, bloß eine Wahrheit, die jedes Volk, jede Zeit, jeder Einzelne auf seine Art aufnimmt, für die immer neue Formen entstehen. Eine der schönsten und lautersten Formen ist gewiss die des Neuen Testaments, worunter ich allerdings eigentlich nur die Evangelien verstehe, weniger die Paulinischen Briefe. Ich halte einige Sprüche des Neuen Testaments, neben einigen von Lao-Tse und einigen von Buddha und den Upanishaden, für das Wahrste, Konzentrierteste, Lebendigste, was auf Erden erkannt und gesagt worden ist. Dennoch ist mir der christliche Weg zu Gott verbaut gewesen durch eine streng fromme Erziehung, durch die Lächerlichkeit und Zänkerei der Theologie, durch die Langeweile und gähnende Öde der Kirche, und so weiter.

Ich suchte also Gott auf anderen Wegen und fand bald
den indischen, der mir von Hause aus nahelag, denn meine
Vorfahren, Großvater, Vater und Mutter, hatten nahe und
innige Beziehungen zu Indien, sprachen indische Sprachen
etc. Später fand ich auch den chinesischen Weg durch
Lao-Tse, was für mich das befreiendste Erlebnis war.
Natürlich war ich daneben und zugleich nicht minder
intensiv durch moderne Versuche und Probleme beschäftigt, durch Nietzsche, durch Tolstoi, durch Dostojewski, das
Tiefste aber fand ich in den Upanishaden, bei Buddha, bei
Konfuzius und Lao-Tse, und dann auch, als meine alte
Aversion gegen die speziell christliche Form der Wahrheit
allmählich nachließ, auch im Neuen Testament. Dennoch
blieb ich dem indischen Weg treu, obwohl ich ihn nicht für
besser als den christlichen halte. Ich tat es, weil mir die
christliche Anmaßung, die Monopolisierung Gottes, das
Alleinrechthabenwollen, das mit Paulus beginnt und durch
die ganze christliche Theologie geht, zuwider war, und
auch, weil die Inder weit bessere, praktischere, klügere
und tiefere Formen des Wahrheitssuchens, mithilfe der
Yogamethoden, wissen.
Damit ist Ihre Frage beantwortet. Ich halte indische
Weisheit nicht für besser als christliche, ich empfinde sie
nur als ein wenig spiritueller, etwas weniger intolerant,
etwas weiter und freier. Das kommt davon her, dass die
christliche Wahrheit mir in der Jugend in unzulänglichen
Formen aufgedrängt wurde. Dem Inder Sundar Singh ging
es genau umgekehrt: ihm wurde indische Lehre aufgedrängt, er fand dort in Indien die herrliche alte Religion
entstellt und entartet, so wie ich hier die christliche, und er

wählte das Christentum, d.h. er wählte nicht, sondern er wurde einfach überzeugt, erfüllt und überwältigt vom Liebesgedanken Jesu, so wie ich vom Einheitsgedanken der Inder. Für andre Menschen führen andre Wege zu Gott, ins Zentrum der Welt.

Das Erlebnis selbst aber ist stets das Gleiche. Der Mensch, der die Wahrheit zu ahnen beginnt (auch in ihm kommt zuerst »alles durcheinander« wie bei Ihnen), der das Wesentliche des Lebens ahnt und ihm näherzukommen sucht, der erlebt, sei es nun in christlichem oder andrem Gewand, unfehlbar die Wirklichkeit Gottes, oder wenn Sie wollen des Lebens, von dem wir Teile sind, dem wir widerstreben oder dem wir uns hingeben können, ohne das aber der Erwachte nicht mehr leben kann und will. Für stark intellektuelle Menschen bestehen diese Erlebnisse zum Teil in Gedanken, in Erkenntnissen, doch auch dies ist keine notwendige Form, es kann auch völlig ohne Denken und Erkennen vor sich gehen, indem einfach das Leben selbst uns so bildet, dass wir immer mehr das Vollkommene, Heilige und Ewige suchen und gegen die Werte und Wirklichkeiten der andern, sogenannt alltäglichen Welt immer gleichgültiger werden.

Hermann Hesse

Literatur

Thomas Assheuer: Im Herzen des Glaubens, in: Zeit-Literatur, Nr. 12, März 2009

Benedikt XVI.: Deus caritas est, Augsburg 2006

Martin Buber: Ekstatische Konfessionen, Leipzig 1923

Martin Buber: Ich und Du, Heidelberg 1974

Martin Buber: Begegnung. Autobiographische Fragmente, Heidelberg 1978

Martin Buber: Das dialogische Prinzip, Heidelberg 1985

Niklaus Brantschen in: Publik-Forum, Nr. 10, 2003

Pierre Teilhard de Chardin: Die Evolution der Keuschheit, in: Geist und Leben, Heft 4, Juli/August 1994

Heinrich Denzinger: Kompendium der Gaubensbekenntnisse und kirchlichen Lehrentscheidungen, Freiburg 1991

Christian Feldmann: Was uns unbedingt angeht, in: Publik-Forum, Nr. 11, 2004

Sales Hess: Dachau, eine Welt ohne Gott, Münsterschwarzach 1995

Hermann Hesse: Weihnacht mit zwei Kindergeschichten 1950, in: Sämtliche Werke, Bd. XIV, Frankfurt 2003

Hermann Hesse: Stufen des Lebens. Briefe, Auswahl und Nachwort von Siegfried Unseld, Frankfurt 2007

Carl Gustav Jung: Bewusstes und Unbewusstes, Frankfurt 1972

Carl Gustav Jung: Über die Beziehung der Psychologie zur Seelsorge, in: Ges. Werke Bd. VI, Zur Psychologie westlicher und östlicher Religion, Olten 1988

Carl Gustav Jung: Antwort auf Hiob, München 2001

Walter Kasper: Gott loben, das ist unser Amt, in: Anzeiger für
die Seelsorge, Nr. 7/8, Freiburg 2007

Hans Küng: Existiert Gott?, München 1978

Hans Küng: Credo. Das Apostolische Glaubensbekenntnis
– Zeitgenossen erklärt, München 1992

Reinhard Marx, in: Süddeutsche Zeitung Nr. 81 vom
7.4.2009

Thomas Merton: Verheißungen der Stille, Luzern 1951

Thomas Merton: The Intimate Merton. His Life from His
Journals, Oxford 2000

Johann Baptist Metz: Gottespassion. Zur Ordensexistenz
heute, Freiburg 1991

Christian Modehn: Versuchen wir es mal. Wie lässt sich
Gott denken, ja mehr noch, lässt sich vielleicht die Existenz Gottes in der Philosophie beweisen? Ein Salon-
abend im Hause Hegel, in: Publik-Forum, Nr. 14, 2009

Robert L. Moore: Facing the Dragon. Confronting Personal
and Spiritual Grandiosity, Wilmette 2003

Wunibald Müller, Anselm Grün, Henri Nouwen u.a.:
Sammle deine Kraft. Spirituelle und therapeutische Erfahrungen, Münsterschwarzach 2001

Wunibald Müller: Wenn der Geist die Seele berührt. Für
eine dynamische Spiritualität, Ostfildern 2007

Philipp Newell: Echo of the Soul. The Sacredness of the
Human Body, Norwich 2000

Friedrich Nietzsche: Die fröhliche Wissenschaft, Stuttgart 1965

Karl Rahner: Schriften zur Theologie, Bd. 3: Zur Theologie
des geistlichen Lebens, Zürich 1957

Karl Rahner: Schriften zur Theologie, Bd. 13: Gott und Offenbarung, Zürich 1978

Karl Rahner: Das große Kirchenjahr. Geistliche Texte, Freiburg 1990

Karl Rahner: Spiritualität und Theologie der Kirchenväter, Bd. 3, Freiburg 1999

Karl Rahner: Ignatianischer Geist, Bd. 13, Freiburg 2006

Joseph Ratzinger: Einführung in das Christentum. Vorlesungen über das apostolische Glaubensbekenntnis, München 2005

Joseph Ratzinger in: Süddeutsche Zeitung Magazin vom 20.4.2006

Rainer Maria Rilke: Das Buch vom mönchischen Leben. Gesammelte Werke. Die Gedichte, Frankfurt 1986

Ronald Rolheiser: The Shattered Lantern. Rediscovering a Felt Presence of God, New York 2004

Wilhelm von Saint-Thierry: Meditative Gebete, Eschenbach 1993

Peter Schellenbaum: Gottesbilder. Religion, Psychoanalyse, Tiefenpsychologie, München 1989

Peter Schellenbaum: Im Einverständnis mit dem Wunderbaren. Was unser Leben trägt, München 2000

Günther Schiwy: Eine heimliche Liebe. Lucile Swan und Teilhard de Chardin, Freiburg 2005

Christoph Schlingensief: So schön wie hier kanns im Himmel gar nicht sein! Tagebuch einer Krebserkrankung, Köln 2009

Christian Schütz: Heiliger Geist/Geisterfahrung, in: Christian Schütz (Hg.): Praktisches Lexikon der Spiritualität, Freiburg 1988

Dorothee Sölle: Das Recht ein anderer zu werden. Theologische Texte, Stuttgart 1981

David Steindl-Rast: Vom Eis zu Wasser zu Dampf. Im Wandel der Gottesvorstellung: Was schätze ich am Christentum?, in: Christ in der Gegenwart, Nr. 39, 2003

Fridolin Stier: Vielleicht ist irgendwo Tag. Die Aufzeichnungen und Erfahrungen eines großen Denkers, Freiburg 1993

Pierre Stutz: Mein Leben kreist um Dich. Mit den Psalmen die eigene Mitte finden, München 2009

Pierre Stutz: Geborgen und frei. Mystik als Lebensstil, München 2009

Mary Tardiff: At Home in the World. The Letters of Thomas Merton and Rosemary Radford Ruether, New York 1995

Paul Tillich in: Pastoral Psychology, Vol. 156, September 1965

Werner Trutwin: Die Vermessung des Glaubens, in: Christ in der Gegenwart Nr. 12, 2009

John Welwood: Toward a Psychology of Awakening. Buddhism, Psychotherapy and the Path of Personal and Spiritual Transformation, Boston 2002

Colin Wilson: Herr der Unterwelt. C.G. Jung und das 20. Jahrhundert, München 1990

Richard J. Woods: Wellness, Health and Spirituality, Dublin 2008

Holger Wornser: Was schön ist, muss richtig sein, in: Süddeutsche Zeitung Nr. 95 vom 25.4.2003

Quellenverzeichnis

Prolog: Einheitsübersetzung der Heiligen Schrift © Katholische Bibelanstalt, Stuttgart 1980

S. 11 Martin Buber in: Begegnung © by Gütersloher Verlagshaus, Gütersloh, in der Verlagsgruppe Random House GmbH, München

S. 89 Fridolin Stier: Vielleicht ist irgendwo Tag. Die Aufzeichnungen und Erfahrungen eines großen Denkers © Verlag Herder GmbH, Freiburg i.Br. ³1997

S. 125 Pierre Stutz in: Mein Leben kreist um Dich © Kösel-Verlag, München, in der Verlagsgruppe Random House GmbH, München 2009

S. 209f. Sabine Wagner © Rechte bei der Autorin

S. 264ff. Hermann Hesse in: Stufen des Lebens © Suhrkamp Verlag, Frankfurt am Main 2007